综合日语
第三册

练习册(修订版)

主　编　何　琳
副主编　董继平

审　订　彭广陆　[日]铃木典夫

图书在版编目(CIP)数据

综合日语第3册练习册/何琳主编. —2版. —北京：北京大学出版社，2014.5
ISBN 978-7-301-24119-6

Ⅰ.①综… Ⅱ.①何… Ⅲ.①日语－高等学校－习题集 Ⅳ.①H369.6

中国版本图书馆 CIP 数据核字（2014）第 070959 号

书　　　　名：	综合日语第三册练习册（修订版）
著作责任者：	何　琳　主编
责 任 编 辑：	兰　婷
标 准 书 号：	ISBN 978-7-301-24119-6/H・3503
出 版 发 行：	北京大学出版社
地　　　　址：	北京市海淀区成府路 205 号　　新浪官方微博：@北京大学出版社
网　　　　址：	http://www.pup.cn
电　　　　话：	邮购部 62752015　发行部 62750672　编辑部 62759634　出版部 62754962
电 子 信 箱：	lanting371@163.com
印　刷　者：	天津中印联印务有限公司
经　销　者：	新华书店
	787 毫米×1092 毫米　16 开本　10.25 印张　200 千字
	2007 年 9 月第 1 版
	2014 年 5 月第 2 版　2022 年 12 月第 8 次印刷（总第 20 次印刷）
定　　　　价：	37.00 元

未经许可，不得以任何方式复制或抄袭本书之部分或全部内容。
版权所有，侵权必究
举报电话：010-62752024　电子信箱：fd@pup.pku.edu.cn

《综合日语第三册练习册（修订版）》

编　者

审　定
彭广陆　　　北京大学教授
铃木典夫　　首都师范大学日本专家

执笔者
何　琳　　　首都师范大学副教授
董继平　　　首都师范大学副教授

第一版编者
董继平　　　首都师范大学副教授
何宝娟　　　首都师范大学讲师
何　琳　　　首都师范大学副教授
石冈静音　　日本御茶水女子大学博士研究生
小林义仁　　日本目白大学博士研究生

插图　刘亚蕾　梅虹洁

前　言

　　《综合日语》（第1—4册）是第一套中日两国从事日语教学与研究的专家学者全面合作编写的面向中国大学日语专业基础阶段的主干教材。《综合日语（修订版）》在第一版的基础上，参考教学中的反馈意见，汲取最新的研究成果，对练习解说及部分课文进行了修订，为"普通高等教育'十一五'国家级规划教材"。

　　本书为《综合日语（修订版）》的配套练习册。

　　《综合日语（修订版）》的练习主要由两部分组成，一部分在教材各单元之后，以培养学生综合运用日语的能力为目的，为教师和学生提供课堂教学活动的素材，适合在课堂教学中完成。另一部分反映在《综合日语练习册（修订版）》中，供学生自我测试使用，主要是帮助学生归纳、整理语言基础知识，检验语言知识掌握的情况。两部分练习互相补充，力求为学生的学习提供全方位的支持。

　　本册主要依据第三册教材中初级阶段的内容编写而成，内容涵盖所有学习重点、难点。各课练习由（1）文字、词汇、语法；（2）听力；（3）阅读三大部分组成，同时另外设计了五个单元练习。

　　本练习册的书写方式以《综合日语（修订版）》为准。参考答案及录音均在北京大学出版社官网（www.pup.cn）"下载专区"中，供免费下载。

　　在本练习册的编写过程中，所有成员都倾注了大量心血，但是由于水平有限，还存在一些不尽如人意的地方，希望使用本练习册的老师和同学提出批评意见，以便今后不断修订完善。

编者

2013年8月

目　次

第1課　新生活のスタート……………………………………………………………1

第2課　サークル活動…………………………………………………………………12

実力テスト1……………………………………………………………………………25

第3課　大相撲…………………………………………………………………………33

第4課　東京での再会…………………………………………………………………45

実力テスト2……………………………………………………………………………57

第5課　古都……………………………………………………………………………63

第6課　茶道体験………………………………………………………………………76

実力テスト3……………………………………………………………………………89

第7課　異文化理解……………………………………………………………………95

第8課　大学祭…………………………………………………………………………106

実力テスト4……………………………………………………………………………119

第9課　外来語…………………………………………………………………………125

第10課　日本のアニメ産業……………………………………………………………138

実力テスト5……………………………………………………………………………151

第1課　新生活のスタート

単語帳

リズム　マスコミ　レジュメ　コピー　マンション　ポイント　モデル　デジカメ　エアコン　グッズ　リラックス　イントネーション　ヘディング　アップシフト

義務　職業　資格　特技　部分　顧問　角度　主役　役　右側　下町　教材　教具　学友　感性　一員　一度　卒論　国民　癒し　部員　部室　入部　必修　本学　法学　今学期　歓迎会　年少者　テニス部　副部長　日本語教育　異文化　母国語　聞き手　演習室　価値観　初対面　持ち物　おしゃれ　時間割表　時間帯　自主性　主体性　区切り　民主主義　締めくくり　履修ガイド　味付け　盛り付け　唐辛子　わけ　もと　注目　判断　安定　活躍　期待　確立　発達　訓練　公開　寝坊　講義　討論　履修　手助け

迷う　養う　ひく　並ぶ　見える　はりきる　応じる　おさえる　しぼる　設ける　負ける　負かす　つとめる

遅い　ふさわしい　おっちょこちょい　抜群　一方的　社交的　お互いに　むろん　概して　あくまで　単に

アモイ　山の手　三好学　吉田　劉芳　木村あゆみ　大山　轟

文法リスト

Nにおける／において＜空間、時間＞
Nを通じて＜手段、方法＞＜貫穿＞
～わりには＜不一致＞
といっても＜補充説明＞
Nのもとで＜影响、支配＞
～とともに＜共同動作主体＞＜同時＞
～わけだ＜説明＞
～んじゃない＜肯定性的判断＞
（だった）っけ＜確認＞＜询問＞

こそ＜凸显＞
N_1をN_2とする＜確定＞
VたN＜連体修飾＞
Nのことだから＜対人物的判断＞
～ことになっている＜約定、慣例＞
～というのは～（の）ことである＜解釈、説明＞
～ということは～（ということ）である＜解釈、説明＞

Ⅰ．文字・語彙・文法

1．次の下線部の漢字の読み方をひらがなで書きなさい。

（1）新しい制度の確立に向けて討論を進める。
（2）今度の中日青少年の交流は、異文化理解を深めるよい機会だ。
（3）初対面なのに、どこかで見たような懐かしい感覚を覚えました。
（4）時間割が変更になる場合もある。
（5）病気予防の主役はあなた自身である。
（6）見る角度によって色が変化する。
（7）見かけで人を判断してはいけない。
（8）やっと仕事に区切りがついた。
（9）小さいころからよい習慣を養う。
（10）アモイに事務所を設けることになっている。

(1)	(2)	(3)	(4)	(5)
(6)	(7)	(8)	(9)	(10)

2．次の下線部のひらがなを漢字に直しなさい。

（1）大学の同級生の李さんは、今新聞記者としてかつやくしている。
（2）上海は工業のはったつした都市である。
（3）そつろんのテーマは決まりましたか。
（4）世界の平和のために戦争をしないように努めるのが若者のぎむだ。
（5）あの二人は相性がばつぐんによい。
（6）ごまは健康食品としてちゅうもくされています。
（7）結婚相手はかちかんを共有できることが重要だ。
（8）会社が自分に何をきたいしているのかを知っておくべきだ。
（9）小籠包の店の前に人がたくさんならんでいる。
（10）劉さんの家に行く途中で道にまよってしまった。

(1)	(2)	(3)	(4)	(5)
(6)	(7)	(8)	(9)	(10)

3．次のa～dの中から最も適当なものを一つ選びなさい。

(1) 論文の_____もいっしょに提出してください。
　　a．デジカメ　　　　　　　b．レジュメ
　　c．グッズ　　　　　　　　d．リズム

(2) 就職のために医療関係の_____を取ろうと思う。
　　a．義務　　　　　　　　　b．職業
　　c．資格　　　　　　　　　d．特技

(3) 弟は少し_____ですが、失敗を恐れない前向きな気持ちを持っています。
　　a．抜群　　　　　　　　　b．ふさわしい
　　c．うれしい　　　　　　　d．おっちょこちょい

(4) 健康の基本は、_____バランスのとれた食事をとることです。
　　a．あくまでも　　　　　　b．あいにく
　　c．あまり　　　　　　　　d．あんがい

(5) イタリアの楽器は、_____明るい音色のものが多い。
　　a．一概に　　　　　　　　b．対して
　　c．いったい　　　　　　　d．概して

(6) 母は_____、父も応援してくれた。
　　a．むろん　　　　　　　　b．むしろ
　　c．むりに　　　　　　　　d．むやみに

(7) 私は_____自分の意見を述べたにすぎない。
　　a．並みに　　　　　　　　b．一般に
　　c．単に　　　　　　　　　d．特に

(8) サイズの大きい広告のほうが人々の注意を_____。
　　a．ひく　　　　　　　　　b．うつ
　　c．とる　　　　　　　　　d．すう

(9) 新鮮な果物を_____ジュースを作る。
　　a．あつまって　　　　　　b．しぼって
　　c．ほうって　　　　　　　d．しばって

(10) 経営の悪化を理由に、_____給料を下げられた。
　　a．いかに　　　　　　　　b．きちんと
　　c．せっかく　　　　　　　d．一方的に

4．次の（　）に適当な助詞を入れなさい。

(1) ゆうべ遅く（　）（　）テレビ（　）サッカーの試合（　）見ていました。
(2) 優勝者は、中国（　）（　）（　）研修生です。
(3) この雑誌は大学生（　）対象（　）したものです。
(4) いやならやめる（　）（　）ない。
(5) その話（　）（　）乗りたくない。
(6) 村上さんはゲーム（　）（　）（　）やっていて、全然勉強しない。
(7) それは田中さん（　）ふさわしい仕事です。
(8) 小野さんは昔（　）違ってずいぶんまじめになった。
(9) あらゆる角度（　）（　）観察するべきだ。
(10) 彼（　）とって、仕事（　）（　）（　）生きがいだ。

5．次のa〜dの中から最も適当なものを一つ選びなさい。

(1) 祖母は年をとっているわりには_____。
　　a．体が弱い　　　　　　　b．病気だ
　　c．元気だ　　　　　　　　d．体力がない
(2) 王君の登校拒否_____、教育のあり方について研究しています。
　　a．を中心に　　　　　　　b．をきっかけに
　　c．において　　　　　　　d．に関して
(3) 日本語ができる_____、日常会話程度だけです。
　　a．でも　　　　　　　　　b．といっても
　　c．いじょう　　　　　　　d．というと
(4) 2014年6月、サッカーのワールドカップは、ブラジル_____行われた。
　　a．にわたって　　　　　　b．にとって
　　c．の下で　　　　　　　　d．において
(5) 日本語能力試験は、7月上旬と12月上旬に行われる_____。
　　a．ことにしている　　　　b．ことになっている
　　c．ことだそうだ　　　　　d．ことらしい
(6) あの人は人の悪口ばかり言うから、みんなに嫌われる_____。
　　a．ことだ　　　　　　　　b．ものだ
　　c．ほどだ　　　　　　　　d．わけだ

(7) このコラムの大半は、経験_____書いています。
　　a．をはじめとして　　　　　b．をもとにして
　　c．をぬきにして　　　　　　d．を通じて
(8) 健康_____がすべての始まりです。
　　a．から　　　　　　　　　　b．まで
　　c．しか　　　　　　　　　　d．こそ
(9) インターネットを_____世界中の情報を手に入れられるようになった。
　　a．めぐって　　　　　　　　b．問わず
　　c．通して　　　　　　　　　d．よそに
(10) 田中さんが「少し遅くなる」_____、30分ぐらいは遅れるということだ。
　　a．というのは　　　　　　　b．というと
　　c．というが　　　　　　　　d．というより
(11) もう一度捜してください。きっとそこにある_____です。
　　a．はず　　　　　　　　　　b．わけ
　　c．べき　　　　　　　　　　d．もの
(12) 子供にも少し家事をやらせる_____だと思う。
　　a．はず　　　　　　　　　　b．わけ
　　c．べき　　　　　　　　　　d．もの

6．次のa～hから適当な言葉を選んで文を完成させなさい。（同じ言葉は2回使わないこと）

| a．を通じて | b．をもとにして | c．とともに | d．において |
| e．における | f．のもとで | g．を通して | h．を中心に |

(1) 壁_____、隣の部屋の笑い声が聞こえてくる。
(2) シンガポールは一年_____暖かい。
(3) 台風の影響は四国_____近畿にも及ぶ恐れがあります。
(4) 北京_____中日少年交流会は、とても有意義なものだった。
(5) ぜひ先生の_____、この子を育ててください。
(6) ひらがなは漢字_____作られた。
(7) 人々の価値観は、時代_____変わっていく。
(8) 入学式は、新しくできた体育館_____行われた。

7．次のa～dの語句を並べ替え、＿★＿に入る最もよいものを一つ選びなさい。

(1) ＿＿＿　＿★＿　＿＿＿　＿＿＿は、何といっても「すし」である。
　　a．主役　　　　　　　　b．米国
　　c．日本食ブームの　　　d．における

(2) 大学卒業後、就職をしないで＿＿＿　＿★＿　＿＿＿　＿＿＿。
　　a．もとで　　　　　　　b．師匠の
　　c．ことにした　　　　　d．修行する

(3) 二人は＿★＿　＿＿＿　＿＿＿　＿＿＿。
　　a．出会った　　　　　　b．知人
　　c．を通じて　　　　　　d．共通の

(4) 市民に対して＿＿＿　＿＿＿　＿＿＿　＿★＿、分かりやすく説明するよう努めている。
　　a．公開する　　　　　　b．情報を
　　c．とともに　　　　　　d．積極的に

(5) ＿＿＿　＿★＿　＿＿＿　＿＿＿、計画を作成した。
　　a．要望　　　　　　　　b．をもとにして
　　c．からの　　　　　　　d．保護者

(6) ＿＿＿　＿★＿　＿＿＿　＿＿＿食べていたらあきる。
　　a．といっても　　　　　b．カレーが
　　c．毎日　　　　　　　　d．大好物だ

(7) ＿＿＿　＿★＿　＿＿＿　＿＿＿、小林さんと仲良くなった。
　　a．を　　　　　　　　　b．に
　　c．きっかけ　　　　　　d．引越し

(8) この＿＿＿、＿＿＿　＿＿＿　＿★＿残業が多い。
　　a．給料が　　　　　　　b．会社は
　　c．わりには　　　　　　d．安い

(9) ＿＿＿　＿＿＿　＿★＿、＿＿＿3日電話しないと「どうかしたの」と連絡してくる。
　　a．心配性の　　　　　　b．ことだから
　　c．母の　　　　　　　　d．私が

(10) 主体性というのは、「どうしたらできるようになるか」＿＿＿　＿★＿　＿＿＿　＿＿＿ことです。
　　a．ということを　　　　b．考えて
　　c．行動する　　　　　　d．自分自身で

8．次の中国語を日本語に訳しなさい。

（1）他平时总是那么关心我，一定会联系的。

（2）博客不过是随便写写，不过我很少看别人的博客。

（3）据说由于香烟的价格上涨，打算戒烟的人增加了。

（4）他没怎么学习，不过这次测验成绩倒还马马虎虎。

（5）在中国，18岁开始被赋予选举权。

（6）怪不得她身材那么好呢，原来以前是时装模特。

（7）在日本，很多女性都在结婚的同时放弃工作。

（8）入学后根据学生的志愿和成绩，决定所要升入的系、专业等。

（9）这是整个班级的问题，不只是你个人的问题。

（10）很多女性认为"高学历、高收入、高个子"的男性才是最理想的人。

II. 听力

1. 録音を聴いて、正しい答えを一つ選びなさい。

   (1) _____ (2) _____ (3) _____ (4) _____
   (5) _____ (6) _____ (7) _____ (8) _____

2. 録音を聴いて、内容と合っていれば〇、間違っていれば×を書きなさい。

   A
   ( ) (1) 鈴木さんは池袋大学を卒業したばかりです。
   ( ) (2) 鈴木さんはこの会社でソフトの開発をします。
   ( ) (3) 鬼山部長はあと半年で定年になります。
   ( ) (4) 彼女は鈴木さんにふられました。

   B
   ( ) (1) 上木さんがはじめて玲子さんと会ったのは2年ほど前です。
   ( ) (2) 勇一君が結婚式を挙げることは、自分のことなのでうれしく思います。
   ( ) (3) 仕事の帰りに寄り道をしたりするなどということは、勇一君が絶対に許しません。
   ( ) (4) これは上木さんと玲子さんの結婚式で読むスピーチです。

   C
   ( ) (1) ケンさんは週5日アルバイトをしています。
   ( ) (2) 水曜日は朝からずっとレストランでウェイターをしています。
   ( ) (3) アルバイトは全部自分で探したのではありません。
   ( ) (4) ケンさんはアルバイトが忙しくてよく寝坊します。

III. 阅读

次の文章を読んで後の問いに答えなさい。

京華大学日中対照研究ゼミホームページより

ゼミ生のみなさんへ☆★
2006年10月21日
みなさん、先日の日中対照研究ゼミお疲れさまでした!!
今後の日中対照研究ゼミについての連絡です。

10月27日　　京華祭のため休講
11月3日　　文化の日(祝日)のため休講
11月10日　　ゼミ(担当→王・佐藤)＆飲み会
11月17日　　ゼミ(担当→陳・三好)
11月24日　　ゼミ(担当→ 劉・吉田)
12月1日　　ゼミ(担当→未定)
12月8日　　ゼミ(担当→未定)
12月9日　　日中対照研究ゼミOB会
12月15日　　ゼミ
12月22日　　ゼミ(年内ラスト！)
1月12日　　ゼミ(今年度ラスト！4年生と最後のゼミ……)

※11月10日以降の飲み会については未定です。
※OB会については詳しく決まってから連絡します！！予定を空けておいてくださいね♫
　追伸:ゼミ生のための掲示板を設置(試験利用中)してみました！！携帯からも閲覧可能なのでぜひ利用してください。詳しくは掲示板を読んでください。

投稿者 marie : 2006年10月22日 02:56
　kazuyaさん、hokutoさん、了解しました！飲み会もそろそろ予約しようと思うので、みなさん出席or欠席の連絡よろしく！

投稿者 hokuto : 2006年10月21日 22:18
　飲み会の企画、よろしくお願いします。
　詳細が決まったらメールください☆

投稿者　kazuya : 2006年10月21日　21:02
　飲み会が楽しみです。前回も幹事だったmarieさんのことだから、飲み会はもちろん料理も期待してます！！

問題

上のポスターの内容と合っているものには○、合っていないものには×をつけなさい。

(   ) (1) 日中対照研究ゼミはまだ始まっていない。
(   ) (2) ゼミの発表担当者はすべて決まっている。
(   ) (3) このホームページを作ったのはmarieさんである。
(   ) (4) marieさんは、以前おいしいお店での飲み会を企画したことがある。
(   ) (5) 日中対照研究ゼミでは11月10日以降は飲み会を行わない。
(   ) (6) 11月10日の飲み会は、参加人数や場所はすでに決まっている。
(   ) (7) ゼミについての連絡は、パソコンからしか見ることができない。

最後に会話文と読解文を読み直して、_____を埋めなさい。

ユニット1　会話　　　　王さん、ゼミに入る

劉　：きょうの発表、三好さん_____？_____ね。
木村：そうね。三好さんのことだから、_____？…あ、来た、来た。
三好：おはようございまーす。あー、_____。_____。
劉　：三好さん、_____、_____。
三好：でも、先生、まだ_____でしょう。
木村：さっき一度_____のよ。ちょっと事務室に_____けど…。レジュメは？
三好：うん。ゆうべ遅くまでかかって、_____…。
劉　：_____コピーしてきた？
（ノックの音）
三好：はーい。どうぞ。
王　：あの、_____。吉田先生のゼミは_____か。
三好：はい、_____…。
王　：わたくし、京華大学からの交換留学生で、王宇翔_____。
木村：ああ、今学期から_____方ですね。先生から_____。さ、どうぞ。
劉　：王さん、_____。劉芳です。どうぞよろしく。
王　：こちらこそ、よろしくお願いします。
三好：じゃあ、きょうのゼミは王さんの_____！

先生：おはようございます。三好さん、発表だから_____ね。
三好：ええ、まあ…。
先生：王さん、きょうからですね。
王　：はい。_____。
先生：じゃあ、三好さんの発表の前に、_____。じゃ、こちらから_____…。
木村：はい、木村あゆみです。年少者を対象とした日本語教育に_____。中国が大好きなので、_____です。どうぞよろしくお願いします。
王　：こちらこそ、よろしくお願いします。

三好：三好学です。
劉　：（王に）「三好学（sānhǎoxué）」
王　：えっ、いいお名前ですね。
三好：＿＿＿＿＿、スポーツしかできない「一好（yī hǎo）」で…。
王　：どんなスポーツですか？
三好：テニス部で＿＿＿＿＿を＿＿＿＿＿。王さんがいらっしゃったのを＿＿＿＿＿、もう一度中国語を勉強しようと思います。
劉　：劉芳です。出身はアモイです。卒論のテーマは＿＿＿＿＿です。えー、私は＿＿＿＿＿ので、日本に来て＿＿＿＿＿、＿＿＿＿＿います。でも、＿＿＿＿＿、いつでも＿＿＿＿＿ので、何でも聞いてください。
先生：はい、では最後に王さん。
王　：はい、その前に＿＿＿＿＿ですが、「おっちょちょちょ…」って何ですか。

ユニット2　読解　　　　ゼミとは何か

　本学では、3年になると、＿＿＿＿＿。ゼミというのは、＿＿＿＿＿授業のことである。

　大学の授業時間割は、高校までと違い、時間割表を見て、＿＿＿＿＿特徴である。むろん外国語の授業などのように、必修になっていて＿＿＿＿＿ものもあるが、概して＿＿＿＿＿はずである。同じ時間帯の中から「文学」を＿＿＿＿＿か、「法学」を＿＿＿＿＿かなどは学生＿＿＿＿＿。自分で自分の時間割を作るということは、その作業＿＿＿＿＿、自主性、＿＿＿＿＿、ということでもある。大学における勉強は＿＿＿＿＿ではない。学生は＿＿＿＿＿勉強することが＿＿＿＿＿のである。

　その大学での勉強の一つの＿＿＿＿＿が、ゼミを選択するこの時期とも言えるだろう。人文学部の「履修ガイド」を見ると、「山の手と下町」「日本人と漢字」「日本語教育のための教材と教具の研究」「日中関係の歴史」「マスコミの発達と民主主義の関係」など、＿＿＿＿＿。そこから、＿＿＿＿＿ものを選んで、2年間それを中心に勉強するわけだ。ゼミの指導教員の＿＿＿＿＿、＿＿＿＿＿先輩や学友とともに＿＿＿＿＿から学んでいくのである。

　ゼミの＿＿＿＿＿は＿＿＿＿＿学生である。講義のように先生の話を＿＿＿＿＿聞くのではなく、自分で調べたり考えたりしたことを発表する。それをもとにみんなで討論する。先生は、学生が道に迷ったときに＿＿＿＿＿たり、必要な＿＿＿＿＿べきなのである。このゼミを通して学生の自主性、主体性が＿＿＿＿＿はずである。大学において＿＿＿＿＿こととは、＿＿＿＿＿ではなく、＿＿＿＿＿力であろう。その意味で、ゼミこそが、大学生活の＿＿＿＿＿と言えるだろう。

『東西大学履修 ガイド』より

第2課　サークル活動

単語帳

カンフー　プリンター　タイプ　スキャナー　モットー　マネージャー　ラッシュアワー　オッケー

型　城　機　可　大学院生　仲間　役割　勇気　やる気　程度　書類　特集　魔法　手話　後期　梅雨　連絡先　観光地　東京育ち　近代小説　団体戦　未経験者　武道場　こだま　思い込み　空手着　映画スター　未-　-着　-育ち　-先　-棟　-戦　提出　検討　承諾　勧誘　指示　合宿　進学　渋滞　稽古　迷惑　合同

戸惑う　従う　のぞく　崩す　抜き出す　持ち運ぶ　求む　認める　鍛える　得る　立ち上げる　取り上げる

ぴったり　不良　平和　何より　消極的

香港　太極拳　天壇公園　エベレスト　マイク　ジャッキー・チェン　マイク・ジェイソン

文法リスト

〜といえば＜提出話題＞
〜からといって〜（とは限らない）＜転折＞
Vてみせる＜演示、決心＞
それより(も)＜递进＞
〜だけ＜限定＞
Nとして(は)＜具体化的対象＞
Nに限らず＜非限定＞
V(よ)うではないか／じゃないか＜号召＞
N₁をN₂に＜作为〜、当做〜＞
N／Vるにあたり／あたって＜进行动作行为的时间＞
N₁からN₂にかけて＜时间、空间范围＞
〜やら〜やら＜并列＞

Ⅰ．文字・語彙・文法

1．次の下線部の漢字の読み方をひらがなで書きなさい。

　(1) 祖父は毎朝公園で太極拳の練習をしています。
　(2) 今日の新聞にこの事件についての特集記事が載っている。
　(3) 花粉症の症状がひどくなった。
　(4) 入学手続の書類を8月末までに提出しなければならない。
　(5) 来月の試合のため合宿することになった。
　(6) 剣道の稽古を始めたきっかけは何ですか。
　(7) これは両親の承諾の上でやったことだ。
　(8) 教師の役割は、学生の未来の選択肢を増やすことだと思う。
　(9) 先輩は体調を崩して入院した。
　(10) 毎日体を鍛えることが必要です。

(1)	(2)	(3)	(4)	(5)
(6)	(7)	(8)	(9)	(10)

2．次の下線部のひらがなを漢字に直しなさい。

　(1) 彼女に話しかけるゆうきがなかった。
　(2) ごめいわくをおかけして申し訳ございません。
　(3) れんらくさきも記入してください。
　(4) 耳の不自由な方としゅわでコミュニケーションをする。
　(5) だんたいで行動しなければならない。
　(6) 空手部に入部する人はみけいけんしゃでもかまわない。
　(7) しんがくするか就職するかで迷っている。
　(8) 本部のしじを待っています。
　(9) パートナーにみとめられてうれしかった。
　(10) この論文からは何もえるものがない。

(1)	(2)	(3)	(4)	(5)
(6)	(7)	(8)	(9)	(10)

3．次の下線部のひらがなを漢字に直しなさい。

(1) この問題について更にけんとうする必要がある。
(2) 彼が何をしようとしているかけんとうがつかない。
(3) アメリカで弁護士のしかくを取った。
(4) 紙をしかくに切って使う。
(5) 学園祭の劇で主役をつとめた。
(6) 大手の会社につとめている。
(7) 木の間からのぞく日の光。
(8) 参加者から未成年者をのぞく。
(9) 主体性をかくりつする。
(10) 明日の降水かくりつは70％だ。

(1)	(2)	(3)	(4)	(5)
(6)	(7)	(8)	(9)	(10)

4．次のa～dの中から最も適当なものを一つ選びなさい。

(1) 我が家の_____は「自分のことは自分で」です。
　　a．チェンジ　　　　　　b．モットー
　　c．プリンター　　　　　d．スキャナー
(2) 病気になって、健康が_____大切だということに気付いた。
　　a．何を　　　　　　　　b．何も
　　c．何やら　　　　　　　d．何より
(3) このレストランの_____はイケメンです。
　　a．マニュアル　　　　　b．ミュージカル
　　c．ラッシュアワー　　　d．マネージャー
(4) 予想しなかった質問をされて_____。
　　a．とまどった　　　　　b．ともなった
　　c．とどまった　　　　　d．とりもどした
(5) この地域には_____開発のままの天然資源がたくさん眠っている。
　　a．非　　　　　　　　　b．不
　　c．無　　　　　　　　　d．未
(6) 道がこんでいるときは、車より自転車のほうが_____早い。
　　a．かえって　　　　　　b．ほとんど
　　c．あいにく　　　　　　d．さっそく

(7) _____練習したのに、病気で試合に出られなかった。悔しい。
  a．とにかく   b．せっかく
  c．なるほど   d．なにしろ
(8) 「毎日何時ごろ起きますか。6時ごろ？」「_____早く起きられませんよ。」
  a．こんなに   b．そんなに
  c．あんなに   d．どんなに
(9) この歌は、わたしの今の気持ちに_____だ。
  a．しっかり   b．はっきり
  c．うっかり   d．ぴったり
(10) 人生の_____出発を祝して乾杯しましょう。
  a．あらたな   b．なめらかな
  c．あきらかな   d．ゆたかな

5．次の□から適当な言葉を選んで文を完成させなさい。（同じ言葉は2回使わないこと）

A．| a．としては　　b．にとって　　c．に対して　　d．について |

(1) 私の質問_____、彼は何も答えてくれなかった。
(2) 選択科目_____、「日本史」、「文化人類学」などが設けられている。
(3) 明日の面接は、わたし_____人生の岐路になるかもしれない。
(4) 李さんは、中日慣用句の違い_____卒論を書いた。

B．| a．に限らず　　b．とは限らない |

(5) 値段が高いからと言って、必ずしも品がよい_____。
(6) 紫外線は、夏_____、一年中肌に降り注いでいます。

C．| a．から～にかけて　　b．から～まで |

(7) 午前の授業は8時_____12時_____です。
(8) 今夜遅く_____明日の明け方_____再び大雨の恐れがあります。

6．次のa～dの中から最も適当なものを一つ選びなさい。

(1) 学校_____、総合学習の時間のほうが活用しやすいようである。
  a．については   b．にあっては
  c．としては   d．に対しては
(2) この車_____、ここの駐車場にある車はどれも高級車だ。
  a．において   b．に限らず
  c．ということは   d．かかわらず
(3) 高級ブランド品_____、高品質とは限らない。

a．だからには b．だからして
c．だからいって d．だからといって

(4) 王さんは、その才能＿＿＿努力もするので、立派な業績をあげた。
　　a．に加えて b．に比べて
　　c．に当たって d．において

(5) 夏から秋＿＿＿は、台風が日本に最も接近しやすい時期です。
　　a．にかけて b．に対して
　　c．によって d．にあって

(6) 両者の機能に差がないなら、私は＿＿＿こっちのデジカメにしたい。
　　a．それから b．それなら
　　c．それでは d．それより

(7) フランス料理を＿＿＿、このレストランがおすすめです。
　　a．食べると b．食べるなら
　　c．食べれば d．食べたら

(8) 児童公園は、小さな子ども＿＿＿付き添いの母親＿＿＿で、混雑していた。
　　a．に／に b．も／も
　　c．やら／やら d．から／から

(9) 著作物の引用＿＿＿は、著作権者の許諾を得る必要がある。
　　a．によって b．にあたって
　　c．をはじめて d．をめぐって

(10) 日本語の先生は、厳しいと＿＿＿厳しいですが、とても熱心な先生です。
　　a．というのは b．というなら
　　c．といえば d．というから

7．次の　　　から適当な言葉を選んで文を完成させなさい。

　　a．こんなに　　b．そんなに　　c．あんなに

(1) 家から会社までは＿＿＿遠くないです。
(2) ［絵を見ながら］＿＿＿すばらしい絵は見たことがない。

　　a．これ　　b．それ　　c．あれ

(3) ［喫茶店で、客］「いつもの＿＿＿、お願いね。」
(4) ［目の前の赤いタオルを指差しながら、客］＿＿＿、お願いします。
(5) ね、＿＿＿はいつだったの。北京の胡同で道に迷ったのは。

(6) A：昨日、隣のホテルで火事があったそうですよ。
　　B：えっ、＿＿＿＿ほんと。

　　| a．この　　b．その　　c．あの |

(7) 明日、私の友達が日本から帰って来ます。＿＿＿＿人は、東京の大学に留学しています。

(8) A：「彼は元気。」
　　B：「ああ、＿＿＿＿人。もう関係ないわ。」

　　| a．こう　　b．そう　　c．ああ |

(9) 隣のおじいさんはもう90歳だそうですが、とても＿＿＿＿は見えません。

8．次の（　）に適当な助詞を入れなさい。

(1) フランス語は話せませんが、ドイツ語（　　）（　　）少し話せます。
(2) 私、今の会社（　　）やめようかな。給料も安い（　　）、休み（　　）少ない（　　）。
(3) この薬は、1日（　　）1回（　　）（　　）飲めばよいのだが、1回（　　）10錠（　　）飲まなければならない。
(4) 高橋先生は高血圧の研究（　　）取り組んでいる。
(5) 今ではすっかり大学生活（　　）慣れて、何（　　）（　　）話せる友達もできました。
(6) このホームページは、夢（　　）向かってチャレンジする人（　　）応援するため（　　）作られました。
(7) 病気（　　）契機（　　）タバコをやめよう（　　）思っています。
(8) 名前（　　）入力する（　　）（　　）で相性（　　）わかります。
(9) 仕事（　　）（　　）家事（　　）（　　）で、母は毎日大変だ。
(10) 松の木（　　）目標（　　）進みましょう。

9．次のa〜dの語句を並べ替え、＿★＿に入る最もよいものを一つ選びなさい。

(1) 東日本の＿＿＿＿　＿★＿　＿＿＿＿　＿＿＿＿、結婚する男女が増えているそうだ。
　　a．を　　　　　　　　　b．に
　　c．震災　　　　　　　　d．きっかけ

（2）_____ ★ 、_____ _____願います。
　　a．下記の書類を　　　　　　b．ご契約
　　c．ご提出　　　　　　　　　d．にあたり

（3）_____ ★ 、_____ _____お雑煮を食べながらかるたをしたものです。
　　a．こたつを　　　　　　　　b．といえば
　　c．囲んで　　　　　　　　　d．お正月

（4）_____ ★ 、_____ _____共通した点は、何かを達成しようという意欲が高いことだ。
　　a．に限らず　　　　　　　　b．成功した
　　c．人に　　　　　　　　　　d．起業家

（5）今夜_____ _____ _____ ★ 、大気の状態が不安定になる。
　　a．2日の夜　　　　　　　　b．から
　　c．かけて　　　　　　　　　d．に

（6）どんな_____ ★ _____ _____ 。
　　a．待ち受けていても　　　　b．試練が
　　c．みせる　　　　　　　　　d．乗り越えて

（7）_____ _____ _____ ★ 、それが転職に有利になるとは限らない。
　　a．持っているから　　　　　b．といって
　　c．いろいろな　　　　　　　d．資格を

（8）生活習慣を変えることで、_____ _____ ★ _____ 。
　　a．少しでも　　　　　　　　b．伸ばそう
　　c．ではないか　　　　　　　d．寿命を

10．次の中国語を日本語に訳しなさい。

（1）"三浦，他可真是爱发脾气啊！" "是啊，那样爱发脾气的人还真少见啊！"

（2）前天我把雨伞丢在了公共汽车上，而且手机还坏了，真是倒霉。

（3）这个工作痛苦的地方就是花了很多时间却未必能想出好的创意。

（4）不只是日本，欧美各国学校里的欺辱问题也很严重。

（5）值此毕业之际，我们一起来制作纪念网站吧！

（6）录用时，除了笔试的结果，是否有工作热情也是重要的参考因素。

Ⅱ．听力

1．録音を聴いて、正しい答えを一つ選びなさい。

　　(1)＿＿＿＿　(2)＿＿＿＿　(3)＿＿＿＿　(4)＿＿＿＿

2．録音を聴いて、内容と合っていれば〇、間違っていれば×を書きなさい。

　　(　)(1)中学から高校まで、ずっと水泳の選手でした。
　　(　)(2)大林さんは学校を卒業したばかりです。
　　(　)(3)水泳部で心臓マッサージや人工呼吸の大会をしました。
　　(　)(4)水泳の練習中に足がつって、プールでおぼれそうになりました。

Ⅲ．阅读

次の文章を読んで、後の問いに答えなさい。

(1)

```
掲載期間　10/22～12/31　求人No.000028394
雇用形態　アルバイト・契約社員
職種　★未経験者歓迎★【残業ほとんどナシのお仕事、み～つけたッ♪】幅広い年
　　　齢層が活躍中　■レストランの接客・調理補助■
給与　時給900円～　【月収例】月収18万円（手当等含む）
勤務地　栃木県小山市
交通アクセス　JR宇都宮線「間々田駅」から車で15分
　　　　　　　※自動車・バイク通勤可
```

(2)

掲載期間	10/22～10/29　求人No.000037786
雇用形態	アルバイト・パート
職種	【未経験OK★研修制度充実★学生・フリーター・既婚者・中高年者大歓迎♪ ■時間講師/小・中・高校生対象の個別指導。（教える生徒は1授業90分につき1～3人です。）
給与	1750円～2000円　（1授業：90分）
勤務地	千葉県、東京都内の各校舎
交通アクセス	本社/JR各線「船橋駅」より徒歩10分
※その他校舎は勤務地により異なります。	

(3)

掲載期間	10/23～11/20　求人No.000042607
雇用形態	アルバイト・パート
職種	☆週2日以上勤務出来る方☆ スーパーマーケットでのお仕事［1］レジ係、［2］野菜・果物の袋詰め
給与	時給850円～　※研修中は時給800円
勤務地	東京都葛飾区東新小岩（みどり商店街中央）
交通アクセス	JR線「新小岩駅」より徒歩11分

(4)

掲載期間	10/18～10/26　求人No.000040872
雇用形態	アルバイト
職種	12月末までの短期★　年賀状製作スタッフ　［1］注文チェック、仕分け作業　［2］パソコンワーク　［3］プリント作業　［4］プリンターのセット　［5］検査補助　［6］電話応対
給与	【早朝】時給1350円　【日勤・夕方】時給1000円～ 【深夜】時給1300円～
勤務地	＜東京事業所＞東京都京華市柴崎1－2－3
交通アクセス	京王線「柴崎駅」北口より徒歩7分

問題

次のA～Dは履歴書に書かれた自己紹介です。(1)～(4)のどの求人広告に申し込んでいるのか、番号で答えなさい。

A. わたしは京華大学の学生です。専門はコンピューターなので、パソコンを使った作業が得意です。昼間は授業があるのでアルバイトができませんが、早朝と夜は時間がたくさんあります。来年の１月に中国へ旅行に行く予定で、それまでにお金をたくさん貯めたいと考えて応募しました。一生懸命働きます。どうぞよろしくお願いします。

B. 家が近いため、いつもそちらを利用させてもらっています。以前の仕事でレジを担当していたので、レジを打つのがとても速く、正確です。今は子どもがまだ小さく、週に２日くらいしか働くことができませんが、将来はもっとたくさん働きたいと思っています。どうぞよろしくお願いします。

C. わたしは京華大学の学生です。専門は教育学です。教師の経験はありませんが、子どもに何かを教えることが大好きです。教える科目は国語・英語・社会を希望します。中・高校生の数学は自信がありませんが、小学生の算数なら教えることができると思います。一生懸命頑張りますので、どうぞよろしくお願い致します。

D. わたしは来年の３月に大学を卒業するので、その後はできたら契約社員として働きたいと思っています。経験はありませんが、体力には自信があります。よろしくお願いします。

最後に会話文と読解文を読み直して、＿＿＿＿を埋めなさい。

ユニット１　会話　　　　おす！

王　　：あ、マイクさん、＿＿＿＿＿＿。
マイク：＿＿＿＿＿＿！
王　　：（王がびっくりする）えっ、今、何て言ったんですか。
マイク：おす。空手部の＿＿＿＿＿＿なんだ。

王　　　：へえ。じゃ、それは…？

マイク：これ？　これは空手着。今から空手部の練習なんだ。

王　　　：えっ、空手？　空手って、あの…？

マイク：そう、あの空手。＿＿＿＿だよね。

王　　　：へえ、そうですか…。

マイク：アメリカではそうだよ。アメリカ人は、＿＿＿＿と思ってるんだ。

王　　　：ふうん。じゃあ、中国人は？

マイク：うーん、＿＿＿＿カンフーかな。あの有名なジャッキー・チェンがやってる…。

王　　　：ジャッキー・チェン？　誰ですか？　その人？

マイク：ほら、あの香港の映画スターだよ。

王　　　：ああ、"成龙"のことですね。

マイク：ああ、そうかな。王さんはカンフーができるの？

王　　　：いいえ。中国人＿＿＿＿、みんなカンフーができる＿＿＿＿よ。私は＿＿＿＿けど…。

マイク　：じゃあ、ちょっと＿＿＿＿。

王　　　：ええ？！私がやったのは中学校のときで、もう忘れてしまいました。＿＿＿＿マイクさん、＿＿＿＿をぜひ見せてください。

マイク：オッケー！

王　　　：すごいですね。

マイク：じゃあ、一緒に＿＿＿＿？　空手部に入れば、＿＿＿＿し、＿＿＿＿し。ね、やろうよ！　ね、ね！

王　　　：うーん…。でも、私はまだ＿＿＿＿し、今から私みたいな＿＿＿＿が入ったら、かえって＿＿＿＿んじゃないですか。

マイク：ううん、＿＿＿＿よ。王さん、＿＿＿＿だから、何でも＿＿＿＿ほうがいいよ。

王　　　：そうかなあ…。

マイク：さあ、そろそろ練習が始まるから、王さんも一緒に行こうよ！　ね！

王　　　：うーん…、＿＿＿＿な。じゃあ、ちょっと＿＿＿＿…。

ユニット2　読解　　　　　特集 サークル案内

テニス部

　私たち東西大学テニス部は、「テニスを楽しもう」を_____、何よりも_____クラブです。

　活動内容としては、週2回の合同練習と朝の自主練習です。また、2か月に1回程度、他大学との交流試合もしています。

　_____テニスをやってみたい方、ぜひ一度練習を見に来てください。

　　　　　　　　　　経験者_____、初心者も_____!!

　　　　　　　　　　　　　　　　　連絡先：三好学（国際関係学部）
　　　　　　　　　　　　　　　　　／e-mail: J021175m@u-tozai.ac.jp

空手部

　　　　　　_____者を求む！　経験者歓迎！
　　　　　　　　ともに大学生活を_____！
　われわれ空手部は地区大会団体戦優勝を目標に_____います。大学に入り、_____、_____と思っている人、一緒にやってみませんか。

　未経験者も_____。マネージャーも_____！

　　　　　　　　活動場所：武道場
　　　　　　　　活動日時：月・火・木・金　17:00〜19:00
　　　　　　　　連　絡　先：小川（経済学部）／090-0123-4321
　　　　　　　　毎週月曜日昼休みは学生会館1階の部室にいます。

手話サークル「こだま」

　　　　　　　　　　_____でコミュニケーションを！

　後期の大学生活を始めるにあたり、_____と思っている人も多いのではないかと思います。みなさんは大学に入学して、英語に加えて新たな外国語を習い始め、_____。そこで、もう一つ、新しいことばの世界を_____。「手話」です。手話を通して、音のない世界を_____、自分の世界を_____でしょう。

　さあ、大学入学を機に、手話を始めましょう！

　　　　　　　　活動日：毎週水曜日15:00〜17:00
　　　　　　　　活動場所：南講義棟313教室

※夏合宿のほか、7月から9月にかけては_____でボランティア活動を行っています。_____は活動日に南講義棟313教室へ。

留学生の声：マイク・ジェイソンさん（アメリカ／空手部副部長）

　　国際関係学部3年のマイク・ジェイソンです。日本の大学のサークル活動には日本に来る前から＿＿＿＿ので、入学してすぐに＿＿＿＿、＿＿＿＿に入部しました。空手はアメリカにいる時、友だちに誘われて1年ぐらいやったことがあったのですが、最初は練習の方法やら先輩・後輩の関係やらで＿＿＿＿。

　　でも、今は＿＿＿＿、入って本当に＿＿＿＿と思います。留学生のみなさん、みなさんも、ちょっと＿＿＿＿サークルに参加してみませんか。ただ＿＿＿＿ことができるし、＿＿＿＿こともできますよ。

『東西大学新聞』より

実力テスト1

1. 次の漢字に振り仮名を付けなさい。

   (1) ①入れ物（　　　）　②収入（　　　　）
   　　③出入り（　　　）　④入る（　　　　）
   (2) ①暖める（　　　）　②暖冬（　　　　）
   (3) ①立場（　　　）　②登場（　　　　）
   　　③職場（　　　）　④劇場（　　　　）
   (4) ①共通（　　　）　②公共（　　　）　③共に（　　　）
   (5) ①必ず（　　　）　②必死（　　　）
   (6) ①設ける（　　　）　②設備（　　　）　③建設（　　　）
   (7) ①確か（　　　）　②適確（　　　）　③確認（　　　）
   (8) ①手帳（　　　）　②拍手（　　　）　③派手（　　　）
   (9) ①救助（　　　）　②助かる（　　　）　③助ける（　　　）
   (10) ①引く（　　　）　②割引（　　　）　③引用（　　　）

2. 次の下線部の仮名を漢字に直しなさい。

   (1) インターネットにせつぞくする。
   (2) 手作りには手作りのかちがある。
   (3) 今、田舎でへいぼんな毎日を暮らしている。
   (4) 中田は経験ゆたかな選手である。
   (5) そつろんの締切は年明けの最初のゼミの日となっている。
   (6) 外国人を含む一般参加をかんげいしている。
   (7) この動物は目が非常にはったつしている。
   (8) 冬に比べて夏は電気のしょうひ量が多い。
   (9) 脳をきたえて記憶力を強くしたい。
   (10) どんなに苦しくてもゆうきを失うことはなかった。

(1)	(2)	(3)	(4)	(5)
(6)	(7)	(8)	(9)	(10)

3．次の下線部の言葉＿＿＿＿の部分はどのような漢字を書きますか。同じ漢字を使うものをa～dから一つ選びなさい。

(1) 参加者は情報や意見を<u>こうかん</u>した。
　　a．世界各国と<u>ゆうこう</u>関係を維持する。
　　b．２国間の文化の<u>こうりゅう</u>が活発になった
　　c．今年はミニスカートが<u>りゅうこう</u>しそうだ。
　　d．一日目は京都市内を<u>かんこう</u>した。

(2) 日本の伝統<u>ぶんか</u>に興味を持っています。
　　a．月曜日までに<u>さくぶん</u>を出してください。
　　b．あの人は<u>じぶん</u>のことばかり考えている。
　　c．留学生向けの<u>しんぶん</u>を作った。
　　d．このストーリは三つの<u>ぶぶん</u>に分かれている。

(3) わたしは<u>ひっしゅう</u>より選択科目に力を入れていた。
　　a．クラブは新会員を<u>ぼしゅう</u>している。
　　b．卒業したら、日本で<u>しゅうしょく</u>したいと思う。
　　c．地方によって、<u>しゅうかん</u>が違う。
　　d．兄は自転車を<u>しゅうり</u>してくれた。

(4) 各グループが<u>ごうどう</u>して、米の文化史をたどる調査を企画した。
　　a．危ないと感じたとき、逃げ出すのは<u>どうぶつ</u>的な本能だよ。
　　b．今年もいろいろとご<u>しどう</u>を承り、ありがとうざいました。
　　c．この列車には<u>しょくどう</u>車が付いている。
　　d．わたしは<u>どうじ</u>に二つのことはできない。

(5) あの人の発言は厳しい批判の<u>たいしょう</u>となった。
　　a．その言葉は<u>いっしょう</u>忘れません。
　　b．桜の花が<u>いんしょう</u>深かった。
　　c．若いから、<u>けしょう</u>する必要がないと思うけど。
　　d．おもしろい小説を<u>しょうかい</u>してください。

4．次のa～dの中から最も適当なものを一つ選びなさい。

(1) 管理者の許可を_____使用している。
　　a．出て　　　　　　　　　b．得て
　　c．書いて　　　　　　　　d．入れて

(2) おねえさんはとても若く_____。
　　a．見える　　　　　　　　b．見なす
　　c．見る　　　　　　　　　d．見せる

(3) 専門学校では、専門的な知識や技術が_____。
　　a．身につけた　　　　　　b．身についた
　　c．身にかけた　　　　　　d．身にかかった

(4) 素人判断をしないで、医者に_____ほうがいい。
　　a．おしえた　　　　　　　b．まわした
　　c．まかせた　　　　　　　d．まもった

(5) 本書は「試験にでる」ポイントに_____解説する。
　　a．しぼって　　　　　　　b．見て
　　c．入れて　　　　　　　　d．集めて

(6) この分野において、先進国と肩を_____研究水準になった。
　　a．そろえる　　　　　　　b．そろう
　　c．並べる　　　　　　　　d．並ぶ

(7) 今の話は_____アドバイスで、決めるのは小林さんご自身です。
　　a．どうしても　　　　　　b．まるで
　　c．いかにも　　　　　　　d．あくまで

(8) この気持ちが_____のバレンタインプレゼントです。
　　a．なにも　　　　　　　　b．なんとか
　　c．なんだか　　　　　　　d．なにより

(9) 新しい言語を前にして、どう勉強したら良いのか分からなくて_____いる。
　　a．戸惑って　　　　　　　b．荒って
　　c．確かめて　　　　　　　d．頼って

(10) 判断に_____時は先生に相談しています。
　　a．立てた　　　　　　　　b．迎えた
　　c．迷った　　　　　　　　d．面した

(11) この話題は最近新聞・雑誌などの_____でも取り上げられている。
　　　a．マネージャー　　　　　　　b．メディア
　　　c．アイディア　　　　　　　　d．モットー

(12) ゼミには発表の_____を用意しなければならない。
　　　a．プログラム　　　　　　　　b．パンフレット
　　　c．メニュー　　　　　　　　　d．レジュメ

5．次の下線部の言葉の意味がはじめの文と最も近い意味で使われている文をa～dから一つ選びなさい。

(1) ドアの隙間からのぞいたくらいでは、なかの様子がわからない。
　　　a．話の中から本音がのぞいた。
　　　b．障害物は直ちに通路からのぞかれた。
　　　c．この店は年末年始をのぞいて年中無休です。
　　　d．アンケートでは、一人をのぞいて、みんな同じ答えだった。

(2) 夢を持って生きることは幸せなこと。
　　　a．これではとても体が持たない。
　　　b．今、大きな悩みを持っている。
　　　c．費用は会社が持つことになっている。
　　　d．財布を持たないで出かけてしまった。

(3) 目標をしぼって行動することが大切です。
　　　a．警官に疑われてしぼられた。
　　　b．問題の範囲をしぼって考えてみよう。
　　　c．レモンの汁をしぼってサラダに入れる。
　　　d．みんなの知恵をしぼって、妥当な解決策を見いだしていくしかない。

(4) わたしは彼の無実をかたく信じている。
　　　a．くつひもをかたく結んだ。
　　　b．彼の実力から見れば成功はかたい。
　　　c．ダイエットは意志がかたくないとなかなか続かない。
　　　d．年がとるにつれて、頭がかたくなったような気がする。

6．次の□から適当な言葉を選んで＿＿＿に入れなさい。

　　　的、化、性、未

(1) その集まりは家庭＿＿＿な雰囲気であった。
(2) 体験を通じ豊かな人間＿＿＿を育成する。
(3) あの人はこの方面の仕事には＿＿＿経験だ。
(4) その小説はハリウッドで映画＿＿＿された。

7．次のa〜dの中から最も適当なものを一つ選びなさい。

(1) 原料が安い＿＿＿、この製品は値段が高い。
　　a．わりには　　　　　　　b．うえには
　　c．せいか　　　　　　　　d．ことで
(2) オリンピック＿＿＿日本選手団の選手の活躍を期待している。
　　a．にとどく　　　　　　　b．におよぶ
　　c．における　　　　　　　d．にかぎる
(3) 料理が苦手＿＿＿ぜんぜんできないわけではない。
　　a．といえば　　　　　　　b．といったら
　　c．といっても　　　　　　d．というより
(4) 友人を＿＿＿彼女と知り合いました。
　　a．もとづいて　　　　　　b．通じて
　　c．はじめ　　　　　　　　d．めぐって
(5) 父は、2年前に胃を手術したのを＿＿＿、健康に注意するようになった。
　　a．たよりに　　　　　　　b．もとに
　　c．よそに　　　　　　　　d．きっかけに
(6) 彼女＿＿＿、それを知ったら大騒ぎするに決まっている。
　　a．からみれば　　　　　　b．によって
　　c．のことだから　　　　　d．というもので
(7) これ＿＿＿が筆者の主張である。
　　a．ほど　　　　　　　　　b．なり
　　c．こそ　　　　　　　　　d．さえ
(8) 最近は歴史ブームで、史実を＿＿＿ドラマに人気がある。
　　a．とおして　　　　　　　b．込めて
　　c．中心にした　　　　　　d．もとにした
(9) 親が頭がいい＿＿＿、子どもも必ず頭がいいとは限らない。
　　a．からすると　　　　　　b．からみるて
　　c．からには　　　　　　　d．からといって

(10) 1964年＿＿＿＿、東京オリンピックの年だ。
　　　　a．といっても　　　　　　　b．というか
　　　　c．といえば　　　　　　　　d．といえども

8．次の中国語を日本語に訳しなさい。

（1）我是看了电视广告，才访问了那个商品的网站的。

（2）妈妈总瞎操心，如果知道了那件事，肯定会睡不着觉的。

（3）那个饭馆价格不贵但味道不错。

（4）父母是跟孩子一起成长的。

（5）根据史料研究过去的人口问题。

（6）在自然资源贫乏的日本，人才是最好的资源。

（7）我在研究生院研究新时代的教育。

（8）即使想瘦也没有必要不吃主食啊。

（9）绍兴酒不仅适合中国菜，而且也适合其他菜。

（10）在这里从秋季到冬季您都能够欣赏到美丽的晚霞。

9．次の履修についての解説を読んで、後の問いに答えなさい。

東西大学履修ガイド

　大学では、高校までの教育とは異なり、クラス担任の先生がいて面倒を見てくれるということはありません。

　何事も自分で判断、実行しなければならず、間違いがあってもそれは全て自分の責任になります。

　『授業要覧』など配布された資料を熟読し、掲示による連絡事項にも十分注意を払ってください。

　不明点は教務課（５号館１階）や広報メディア事務室（２号館１階）に相談して確認してください。

1）資格関係

　教職課程・司書課程・社会教育主事など、資格関係についての不明点がある場合は、資格教育課に相談してください。

2）履修者の選抜

　次の科目については履修者の選抜を行いますので、注意してください。

　「情報処理演習」「マルチメディア制作」

　コンピュータ室で実習を行うため、履修できる人数には限りがあります。履修を希望する人は、第１回目の授業で履修者選抜を行うので、必ず第１回目の授業に出席して下さい。

　「ＣＭ制作」

　授業は研究室及び文学部スタジオ（５号館地下）において行われるため、履修できる人数には限りがあります。そのため、各学期のはじめに、その学期に履修を希望する人を対象として選抜を行います。各学期の授業が始まる１ヶ月前には、選抜の要領を、広報メディア学科掲示板（５号館３階入口）及び当ホームページに掲示するのでよく注意していてください。

3）履修関係の問題点

　「卒業単位数一覧」の区分Ⅰ・Ⅱ・Ⅲの科目や、教職などの資格に関する科目を履修する時に、その科目がその学期に開講されていなかったり、他の履修希望科目と時間割が重なった場合で、どうしてもその学期に履修したい場合は、教務課第一分室に相談してください。（他の曜日・時限に開講される同一科目を履修できる場合があります。）

4) 副専攻

　広報メディア学科では、積極的に副専攻を履修することを奨めています。どの副専攻を履修するかはみなさんの自由ですが、広報メディア学科としては、次の４つの副専攻を推奨します。

　心理学副専攻、社会学副専攻、経営学副専攻、英文学副専攻

質問：履修ガイドの内容と合っているかどうか確認しなさい。

　　　（　）（1）大学では履修について先生に詳しく指導してもらえる。
　　　（　）（2）学生は『授業要覧』をもとにして履修科目を決める。
　　　（　）（3）教務課では履修についての質問を受け付けている。
　　　（　）（4）東西大学では資格などを取り扱う資格教育課が設けられいる。
　　　（　）（5）履修希望を提出しても履修を認められないことがある。
　　　（　）（6）「情報処理演習」では、第１回目の授業に出席しなければ、履修できない。
　　　（　）（7）「ＣＭ制作」は教師数が足りないので、履修できる人数が限られている。
　　　（　）（8）「ＣＭ制作」の選抜の要領は学生全員に郵送される。
　　　（　）（9）履修したい科目が重複した場合、その中の一つをあきらめるしかない。
　　　（　）（10）広報メディア学科では指定された副専攻しか履修できない。

第3課　大相撲

単語帳

スポット カロリー ダイエット ゴール リード キム チーム サーブ ミス セット アタック テレビ·コマーシャル マラソン

末際 説 点 地位 現象 事態 味方 見方 個性 玄関 人前 一方 不在 愛嬌 筆者 一般 和服 動物園 受身 前半 同点 半分 思惑 模擬試験 呼び出し 抜き 人気者 先駆者 出稼ぎ 糖尿病 就職難 大相撲 相撲 力士 親方 行司 国技 土俵 場所 本業 昔風 髷 しきたり お尻 金星 巨体 しぐさ 取り組み 苦労 成功 記録 断定 引退 修理 購入 連続 遠慮 生息 逆転 受益 昇進 入門 帰化

悔しい 喜ばしい とんでもない 余計 確か 何といっても さすが 精一杯 臆病 夢中 当然 固有 慎重 いよいよ ハラハラ たしかに むしろ いずれも 今や 相対的 何とか

戦う 結う 次ぐ 耐えぬく 倒す みなす こぼす 勝つ 目立つ まごつく 語る 思い込む 憧れる 育てる 含める 避ける 濡れる 論じる 造る

はっけよい のこった

横綱 大関 関脇 幕内 十両 平幕 両国 国技館 四川省 平安京 朝の海 北星山 千代乃花 若の富士 高見山 ブルガリア ブラジル ハングリー ロシア ハワイ モンゴル

文法リスト

Nを抜きにして＜排除＞
Vるわけにはいかない＜不可能＞
～はもちろん～（も）＜代表性事物＞
Vる一方（で）／その一方（で）
　＜另外一种情况＞
～だけに＜成正比的因果関系＞
Vている／Vたつもりだ＜主观感受＞
Vばいいじゃない＜建議＞
Vてはならない＜禁止＞
～ほどである＜程度＞

～みたいだ＜推測＞
それで～んだ＜結果＞
Vるな＜禁止＞
さすが＜評価＞
むしろ＜比較、選択＞
～際＜时点＞
～末（に）＜結果＞
ぞ＜加强语气＞

Ⅰ．文字・語彙・文法

1．次の下線部の漢字の読み方をひらがなで書きなさい。

(1) 大相撲の力士がまもなく登場する。
(2) 彼はこのプロジェクトの中で先駆者の役割を担っている。
(3) 大相撲の力士が競技する場所を「土俵」と言う。
(4) 高校卒業後、兄の友達の紹介で大工の親方に会った。
(5) 最近、夢中になって読める本になかなか出会えない。
(6) この香りは、この植物に固有のものだ。
(7) 昨日の大関同士の取り組みは、どちらが勝ちましたか。
(8) 家族のために精一杯働きたい。
(9) 費用は、手数料を含めて約9万円であった。
(10) おばあちゃんが私を育ててくれました。

(1)	(2)	(3)	(4)	(5)
(6)	(7)	(8)	(9)	(10)

2．次の下線部のひらがなを漢字に直しなさい。

(1) 彼は映画界でかつやくしている。
(2) 今までは、優秀な社員をしょうしんの対象としてきた。
(3) 自動車は輸出品の中で重要なちいを占めている。
(4) きろくを破ることを目標に努力している。
(5) えんりょしてあまり食べなかった。
(6) 初めてひとまえで意見を述べた。
(7) 大相撲の力士にとって、よこづなになることが最大の目標だ。
(8) これは日本語のにゅうもん書です。
(9) 花瓶をたおして本棚を汚してしまった。
(10) 過去の経験をたくさんかたってもらいました。

(1)	(2)	(3)	(4)	(5)
(6)	(7)	(8)	(9)	(10)

3．次のa～dの中から最も適当なものを一つ選びなさい。

(1) これ、井上さんが書いたの。＿＿＿＿プロだねえ。
  a．すでに　　　　　　　　b．さすが
  c．そっくり　　　　　　　d．わずか

(2) 飛行中の安全を確保するため、特定の品物については、機内持ち込み・お預かりの＿＿＿＿お断りしております。
  a．いずれも　　　　　　　b．いかにも
  c．今にも　　　　　　　　d．いつまでも

(3) 月に5000元でアパートを借りるなら、＿＿＿＿ローンで家を買った方がいい。
  a．むろん　　　　　　　　b．つまり
  c．むしろ　　　　　　　　d．たぶん

(4) 期末試験が＿＿＿＿近づいてきました。
  a．いやいや　　　　　　　b．くよくよ
  c．たびたび　　　　　　　d．いよいよ

(5) 中国が13対8で＿＿＿＿している。
  a．ルール　　　　　　　　b．リーダー
  c．リード　　　　　　　　d．ルート

(6) 食生活の基本は、＿＿＿＿1日3回の食事をきちんととることです。
  a．何となく　　　　　　　b．何だか
  c．何でも　　　　　　　　d．何といっても

(7) ＿＿＿＿顔が真っ赤になった。
  a．厚かましくて　　　　　b．恥ずかしくて
  c．懐かしくて　　　　　　d．煩わしくて

(8) どんなに苦しくても生き＿＿＿＿つもりだ。
  a．ぬく　　　　　　　　　b．かえる
  c．わかれる　　　　　　　d．かかる

(9) 一人ではどうしたらいいのかわからない。＿＿＿＿相談に来た。
  a．それに　　　　　　　　b．それから
  c．それで　　　　　　　　d．それでも

(10) あの猿は人間をまねて、とてもおかしな＿＿＿＿をしている。
  a．しぐさ　　　　　　　　b．出稼ぎ
  c．しきたり　　　　　　　d．呼び出し

4．次の説明に合致する言葉を、a～dの中から一つ選びなさい。

（1）水・涙などをあふれ出させる。
　　　a．ころす　　　　　　　　b．こぼす
　　　c．ころぶ　　　　　　　　d．こもる
（2）危険や不安を感じてしきりに気をもむさま。
　　　a．ばらばら　　　　　　　b．きらきら
　　　c．いらいら　　　　　　　d．はらはら
（3）官職・地位などの現役から退くこと。
　　　a．隠退　　　　　　　　　b．退位
　　　c．引退　　　　　　　　　d．退勤
（4）女性や子供などが、にこやかでかわいらしいこと。
　　　a．愛想　　　　　　　　　b．愛着
　　　c．愛情　　　　　　　　　d．愛嬌
（5）希望してある国の国籍を取得し、その国の国民となること。
　　　a．帰化　　　　　　　　　b．帰国
　　　c．帰宅　　　　　　　　　d．回帰
（6）どうしていいか分からず、適切な行動ができないでいるさま。
　　　a．ごまかす　　　　　　　b．思わず
　　　c．まごつく　　　　　　　d．とどまる

5．次のa～dから適当な言葉を選んで文を完成させなさい（同じ言葉は2回使わないこと）

A．a．むしろ　　　b．かえって
（1）彼は学者と言うより＿＿＿＿政治家だ。
（2）親切のつもりで助けたのだが、＿＿＿＿迷惑だったようだ。

B．a．いよいよ　　　b．やっと
（1）明日は＿＿＿＿待ちに待った運動会だ。
（2）お金をためて＿＿＿＿大好きな腕時計を買いました。

C．a．確か　　　b．確かに
（1）はっきり覚えていないけれど、＿＿＿＿安部さんでしたよね。
（2）スピーチコンテストの応募書類は＿＿＿＿受け取りました。

D．a．それで　　　b．だから

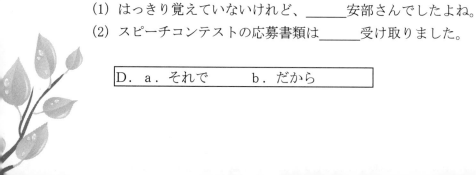

(1) 出発まであと30分しかないんです。＿＿＿急いでください。
(2) 急に大雨が降り出しました。＿＿＿今日のハイキングはやめることにした。

E． a．みたいだ　　b．らしい

(1) ここ１ヶ月以上、雨＿＿＿雨が降っていない。
(2) 富士山にかかっている雲は、帽子＿＿＿。

F． a．末に　　　b．結果

(1) いろいろな検査をした＿＿＿、体に異常がないことが分かりました。
(2) 彼は苦労した＿＿＿、この会社を作り上げた。

6．次のa～dの中から最も適当なものを一つ選びなさい。

(1) 「庭の花を折る＿＿＿。」とおじさんに怒られた。
　　a．なあ　　　　　　　　b．な
　　c．よ　　　　　　　　　d．わ
(2) 「試験はいつあるんだい。」「あさって＿＿＿よ。」
　　a．ようだ　　　　　　　b．みたいだ
　　c．そうだ　　　　　　　d．ごとし
(3) 上田さんは、英語は＿＿＿、中国語も韓国語も流暢に話す。
　　a．もちろん　　　　　　b．限らず
　　c．比べて　　　　　　　d．加えて
(4) 中国＿＿＿、アジア各国の首脳たちがインドネシアに集まった。
　　a．はじめて　　　　　　b．をはじめ
　　c．を問わず　　　　　　d．もかまわず
(5) 毎日ベストを尽くしている＿＿＿だけど、なかなか部長に認めてもらえない。
　　a．ところ　　　　　　　b．ため
　　c．つもり　　　　　　　d．とおり
(6) 初めての留学＿＿＿、胸がわくわくする。
　　a．わりに　　　　　　　b．ことに
　　c．からこそ　　　　　　d．だけに
(7) せっかくのパーティーだから、仕事の話＿＿＿、大いに楽しみましょう。
　　a．を中心に　　　　　　b．をはじめ
　　c．とともに　　　　　　d．は抜きにして
(8) お世話になった人の頼みだから、＿＿＿。

a．断るわけにはいかない　　　b．断らなければならない
　　　c．断るかもしれない　　　　　d．断らずにはいられない

(9) これ_____私の憧れていた生活だ。
　　　a．こそ　　　　　　　　　　　b．しか
　　　c．だけ　　　　　　　　　　　d．さえ

(10) 彼はしっかり仕事をする_____、休日は少年野球チームのコーチをしている。
　　　a．ついでに　　　　　　　　　b．一方で
　　　c．ながら　　　　　　　　　　d．につれて

7．次の（　）の中の言葉を適当な形に変えて文を完成させなさい。

(1) 彼は背が高くて、体もがっしりしているので、（スポーツマン）_____みたいだ。
(2) つまらない映画は、決して（見る）_____な。
(3) 来月の下旬までにレポートを（出す）_____ば単位をもらえる。
(4) 種類が（豊富だ）_____だけに、どれにするか迷ってなかなか選べない。
(5) （君みたいだ）_____おっちょこちょいな人、見たことがないよ。
(6) 車を運転しなければならないから、お酒を（飲む）_____わけにはいかない。
(7) 帰国するというのは、さんざん（迷う）_____末に出した結論です。

8．次の（　）に適当な助詞を入れなさい。

(1) フランスは10対15（　）ロシア（　）負けた。
(2) 壺口瀑布は黄果樹瀑布（　）次いで中国（　）2番目に大きい。
(3) 私は、果物（　）（　）何（　）（　）好きです。
(4) 子ども（　）ため（　）本がたくさん置いてある。
(5) 北京へお越し（　）際は、ぜひご連絡ください。
(6) 冗談は抜き（　）して、さっそく本題（　）入りましょう。
(7) 今までは失敗（　）（　）（　）だったので、今度（　）（　）成功したい。
(8) 新聞やテレビ（　）はじめ（　）するマスコミ（　）は、真実（　）報道する義務がある。
(9) お花の先生（　）（　）（　）、言葉遣いが上品だ。
(10) ゴールデンウィークには、旅行する（　）（　）（　）むしろ家（　）ゆっくり過ごしたほうがいい。

9. 次のa～dの語句を並べ替え、___★___に入る最もよいものを一つ選びなさい。

(1) こちらとしては、改善を_____ ___★___、_____ _____。
　　a．だけに　　　　　　　　b．だった
　　c．ショック　　　　　　　d．期待していた

(2) それは、_____ ___★___、_____ _____木像であった。
　　a．見落として　　　　　　b．目立たない
　　c．しまいそうなほど　　　d．うっかりすると

(3) 頼まれて_____ _____ ___★___、_____夢中になってしまった。
　　a．つい　　　　　　　　　b．義理で
　　c．つもりですが　　　　　d．来た

(4) ___★___ _____ _____ _____、あっという間に正解を導いた。
　　a．天才の　　　　　　　　b．解く
　　c．数学　　　　　　　　　d．さすが

(5) 炭水化物は太ると言われているが、玄米は___★___ _____ _____ _____らしい。
　　a．ある　　　　　　　　　b．炭水化物なのに
　　c．むしろ　　　　　　　　d．ダイエット効果が

(6) これらのツールは、_____ ___★___、_____ _____好評です。
　　a．もちろん　　　　　　　b．ベテランにも
　　c．初心者は　　　　　　　d．とても

(7) こちらに移動した住民たちは、厳しい_____ _____ _____ ___★___、故郷を離れる寂しさから複雑な表情を浮かべる人も多い。
　　a．一方　　　　　　　　　b．解放されて
　　c．ほっとする　　　　　　d．環境から

(8) _____ ___★___ _____ _____ときは、達成感を感じます。
　　a．仕事を　　　　　　　　b．苦労した
　　c．成し遂げた　　　　　　d．末に

(9) みんなこのルールを守っているから、君を_____ _____ ___★___ _____。
　　a．例外として　　　　　　b．わけには
　　c．認める　　　　　　　　d．いかない

(10) _____ ___★___ _____ _____役に立ちたい。
　　a．ために　　　　　　　　b．地域の
　　c．損得を　　　　　　　　d．抜きにして

10. 次の中国語を日本語に訳しなさい。

(1) 幸子以为自己什么都知道，其实她什么都不知道。

(2) 要是不愿意做那个工作的话，可以不做。

(3) 那家饭馆好像味道不错。不只周六周日，平日也是顾客盈门。

(4) 值此毕业之际，我由衷地向三年来辛勤教导我们的校长及各位老师表示感谢。

(5) 冷冻食品虽然烹饪简单，可是却不能充分地摄取营养。

(6) 今天我们不说冠冕堂皇的话，敞开心扉地谈谈好吗？

(7) 您的心意我领受了，但是这么贵重的东西我不能接受。

(8) 他的日语挺厉害的，都能用日语和日本人辩论。

(9) 这不是一时的冲动，而是经过深思熟虑之后做出的决定。

(10) 这是工作之际必要的资料，所以请妥善保管。

Ⅱ. 听力

1. 録音を聴いて、正しい答えを一つ選びなさい。

   (1) _____ (2) _____ (3) _____ (4) _____

2．録音を聴いて、内容と合っていれば〇、間違っていれば×を書きなさい。

（　　）(1) 外来語はカタカナで表記してあるのですぐ慣れます。

（　　）(2) 日本語の教科書に出てくるカタカナの外来語は相当な数にのぼります。

（　　）(3) スポーツマンシップとは、正々堂々と勝負するフェアな態度のことです。

（　　）(4) 中国語や英語には外来語がありません。

Ⅲ．阅读

次の文章を読んで後の問いに答えなさい。

　最近、日本の都市部の電車の中で、夜、大勢の小学生を見かけることがある。どの顔も疲れて見える。こんなに遅くまで何をしているのだろうか。

　実は、彼らは塾から帰るところなのだ。

　日本では、小・中学校の9年間が義務教育である。30年ほど前までは、多くの子どもが公立の小学校から公立の中学へ進んだ。中学卒業後すぐ就職する者もいたが、多くは高校へ進学した。その時、彼らは初めて受験を経験した。ところが、この高校受験は、時代が進むにつれて大学受験と同じように厳しいものになってきた。そこで、特に大都市では、中学を卒業してから高校を受験させるより、「中高一貫教育」の有名私立中学を受験させようとする親が増え、その結果、中学受験も競争が激しくなってきた。電車の中で夜遅く見かける小学生は、この私立中学の受験生たちである。

　さらに、一度入学したら大学まで進学できる私立の小学校へ子どもを行かせたい、と考える親も多くなってきた。そして、そういう私立の小学校を受験するために、幼稚園のころから塾に通う子どもたちさえいるそうである。つまり、大学の受験が小学校の受験にまで低年齢化してきたということである。

　塾帰りの小学生にインタビューをして「今一番欲しいものは？」と聞くと、「時間」と答える子どもが多い。（イ）、彼らは「遊ぶ時間よりも、ゆっくり眠れる時間が欲しい」と言う。まるで（ロ）。また、「どうして勉強するのか」という質問には、「いい大学に入るため」と答える。そして、「なぜ、大学に入りたいのか」とたずねると、「いい大学を出れば、大きくて有名な会社に入ったり役人になったりして、お金持ちになれるからだ」と現実的なことを言う。さらには、「今苦労しておけば、将来が楽になるから」と言う子どももいる。

　私たちが子どものころは、実現できるかどうかは別として、みんな子どもらしい大

きな夢を持っていたはずである。しかし、最近では、インタビューに答えた子どもたちのように、「勉強していい学校に入って偉くなるのが一番幸せだ」という、なんだか疲れた大人のような考え方をする子どもが増えてきた。しかし、子どもにとって、果たしてこの受験競争に勝つことが良いことなのだろうか。何のための教育か、だれのための教育か——夜の電車で疲れた顔の子どもを見るにつけても改めて考えさせられた。

問題

(1) 次のa～dの中から、（イ）に入れるのに適当な接続詞を選びなさい。
　　a．だから　　　b．しかし　　　c．従って　　　d．さらに

(2) 次のa～dの中から、（ロ）に入れるのに適当なものを選びなさい。
　　a．とても疲れているそうだ
　　b．夢の中にいるみたいだ
　　c．疲れたサラリーマンのようだ
　　d．とても子供らしい

(3) 文中に「こんなに遅くまで何をしているのだろうか」とありますが、小学生は何をしているのですか。簡潔に答えなさい。

(4) 次のa～dの中から、筆者の考えに最も近いものを一つ選びなさい。
　　a．現在の教育制度は、子供の両親の希望を抜きにして語るべきではない。
　　b．子供はもっとたくさん眠って、夜に夢を見ることが大切だ。
　　c．いい学校に入ることが、必ずしも子供にとって幸せとは限らない。
　　d．夜に出かけるのは、子供の健康にとってよくないのでやめるべきだ。

最後に会話文と読解文を読み直して、_____を埋めなさい。

ユニット1　会話　　　　　はっけよい！

王　　　：あれ、次の力士、_____ですね…。
マイク：そう、朝の海はハワイ出身なんだよ。
王　　　：ふーん、_____か。
マイク：うん。でも、何といっても_____のはモンゴルの力士なんだ。
三好　：特に、北星山には_____ね。
王　　　：モンゴルといえば、_____と思いますけど…。
マイク：ああ、それでモンゴルの力士って強いんだね。
王　　　：その北星山って、日本の力士よりも強いんですか。

木村　：そうなのよ。＿＿＿＿＿＿かな、日本人力士も。
三好　：さあ、次は朝の海と千代乃花だよ。
木村　：千代乃花ー、＿＿＿＿＿＿ー。
行司　：はっけよい、のこった！
マイク：いいぞ、朝の海、そこだ、押せ、押せ！
王　　：朝の海さーん、がんばってくださーい！
三好　：王さん、そんな＿＿＿＿＿＿を使わなくてもいいんだよ。
王　　：あ、そうですか。じゃ、＿＿＿＿＿＿…。
行司　：朝の海ー。
マイク：やったー！
木村　：あーあ、千代乃花、一方的に押されて、＿＿＿＿＿＿。
マイク：王さん、中国人力士って、いないようだね？
王　　：いえ、実は北京出身の力士がいるんですよ。
マイク：へえ、そうだったの。さすが王さん、＿＿＿＿＿＿ね。王さんもどう？
　　　　＿＿＿＿＿＿？
王　　：＿＿＿＿＿＿、私はもう、空手だけで＿＿＿＿＿＿ですよ。
三好　：さあ、いよいよモンゴルの北星山だ！
木村　：若の富士、きょうこそ、＿＿＿＿＿＿な。
王　　：北星山ー、加油！
マイク・木村・三好：え？！

行司　：北星山ー。
王　　：＿＿＿＿＿＿！
マイク：勝った、勝った！　でも、＿＿＿＿＿＿ね。＿＿＿＿＿＿しちゃった。
三好　：うん、横綱も＿＿＿＿＿＿ね。
木村　：ねえ、王さんもマイクさんも、外国人力士のファンなの？
王　　：えっ、そ、＿＿＿＿＿＿けど…。
木村　：もうちょっと＿＿＿＿＿＿…。
マイク：うーん…僕は好きな力士なら、＿＿＿＿＿＿つもりだけど。
王　　：でも、確かに＿＿＿＿＿＿な…。
三好　：まあまあ、＿＿＿＿＿＿で。自分の好きな力士を＿＿＿＿＿＿。

ユニット2　読解　　　外国人力士の活躍

　東京には国技館という＿＿＿＿がある。国技館という＿＿＿＿、相撲は＿＿＿＿である。国技だけに相撲界には様々な伝統や＿＿＿＿がある。例えば、力士は昔風の髷を結い、＿＿＿＿ことが多い。相撲の世界では、力士は＿＿＿＿行司や呼び出しなど、＿＿＿＿仕事はすべて男性が行っている。女性は、＿＿＿＿できない。

　近年、この相撲の世界で外国人力士の＿＿＿＿。力士の最高位は＿＿＿＿だが、ここ数年間、日本人横綱＿＿＿＿。ハワイ出身の横綱やモンゴル出身の横綱が相撲界を＿＿＿＿のである。＿＿＿＿複数の大関は＿＿＿＿日本人力士で、毎＿＿＿＿彼らの横綱昇進が＿＿＿＿が、なかなか＿＿＿＿ができない。横綱だけでなく、幕内、十両、それ以下の地位にも、モンゴル出身の力士＿＿＿＿、中国、韓国、ロシア、ブルガリア出身の力士がいる。日本人の入門者が少なくなってきている＿＿＿＿、今や、＿＿＿＿わけにはいかない。

　この現象は、日本が＿＿＿＿ため、ハングリー・スポーツである＿＿＿＿若者が少なくなったからだとか、人前にお尻を出すのが恥ずかしいという＿＿＿＿からだとか、説はいろいろある。その一方、相撲が柔道と同じように＿＿＿＿という見方もある。国際化という点からは、外国人の相撲界での活躍は＿＿＿＿であろう。

　外国人力士の活躍を考える際、＿＿＿＿はハワイ出身の高見山という力士のことである。高見山は19歳で＿＿＿＿が、15歳の力士でも自分より＿＿＿＿なら先輩と＿＿＿＿ならないというしきたりにまごついたり、相撲界独特の＿＿＿＿に涙をこぼしたりした。しかし、彼は＿＿＿＿、横綱、大関に次ぐ関脇の地位を何度も＿＿＿＿。平幕で横綱を倒した＿＿＿＿12個は、今でも記録である。その巨体と＿＿＿＿を含めて人気力士となり、40歳で引退した後もテレビ・コマーシャルの人気者になったほどである。また、彼は＿＿＿＿日本に＿＿＿＿して親方となった。初めての外国出身の大関を育てたことも含めて、＿＿＿＿というべきであろう。高見山を＿＿＿＿ことはできない。

第4課　東京での再会

単語帳

イラスト　ネットショップ　ソファー　ダウンシフト　ストライプ
床　噂　唾　公　襖　個　価値　全般　連休　欠点　人目　実家　周囲　車内
事実　一連　行儀　目上　前後　年配　関西　大阪　敬意　目の前　応接間
奨学金　振舞い　女子大生　包装紙　優先席　恥じらい　関わり　問いかけ　ずれ
カップ麺　おかず　ゴミ箱　駐輪　無視　到着　感心　線引き　主張　低下　指摘
対談　贈答　観察　来日　一時帰国　ご無沙汰
たくましい　堅苦しい　奥ゆかしい　器用　妙　強引　容易　勝手　平気　優秀
突然　根本的　批判的　個人的　よく　一時　そういえば　つい　わざわざ　たびたび
思わず　堂々と　少なからず　常に　当の　こうした　すなわち　しかしながら
気遣う　振る舞う　かまう　吐く　発つ　成す　座りこむ　持ちこむ　譲る　応える　残る
見守る　揺れる　込める　見かける　載る　尋ねる　立ち寄る　掛ける　受け取る
腰掛ける　問いかける　－こむ
口に合う　迷惑をかける　目に入る　目につく　気にかける　気がきく　気に入る
髪をとかす　顰蹙を買う

文法リスト

〜もかまわず＜无视＞　　　　　　〜に比べて＜比较＞
Nに対して＜対象＞　　　　　　　Nからすれば＜判断的角度＞
〜からこそ＜凸显原因＞　　　　　〜ばかりか＜附加、递进＞
〜ものだから＜理由＞　　　　　　〜わけじゃない／ではない＜否定＞
〜かのようだ＜印象、比喩＞　　　Ｖることはない＜无必要＞
〜ということだ＜間接引語＞　　　Ｖ（さ）せられる＜不由自主＞
そういえば＜展开話題＞　　　　　〜とか＜不确切的間接引语＞
まで＜极端的事例＞　　　　　　　よく〜＜评价＞
すなわち＜換言＞

I．文字・語彙・文法

1．次の下線部の漢字の読み方をひらがなで書きなさい。

　　(1) ルールを強引に変更した。
　　(2) 人を１時間待たせても平気な顔をするなんて。
　　(3) 机の上に乗客名簿が置いてあります。
　　(4) 午後１時に日本に到着する予定です。
　　(5) 地震で家が少し揺れた。
　　(6) 自分の主張を通すことは思った以上に大変だ。
　　(7) 根本的に調査する必要があります。
　　(8) 生活の全般にわたっていろいろな改善が行われている。
　　(9) 周囲がうるさくて、放送が聞こえない。
　　(10) 車の運転をするときは、常に安全を心がけています。

(1)	(2)	(3)	(4)	(5)
(6)	(7)	(8)	(9)	(10)

2．次の下線部のひらがなを漢字に直しなさい。

　　(1) 恵子さんは手先がとてもきようです。
　　(2) 学生の学習意欲がていかする原因を探った。
　　(3) ひとめを避けて山の中で暮らしたい。
　　(4) 尊敬語は相手にけいいを表す言葉である。
　　(5) 歴史をひはんてきに見ることは大切である。
　　(6) やっと鈴木先生とたいだんする機会を得られた。
　　(7) ここまでに挙げたいちれんの事件には共通点がある。
　　(8) じじつを明らかにするべきだ。
　　(9) おおやけの場所では、エチケットを守ろう。
　　(10) 姉は家族にも相談せず、かってに結婚を決めた。

(1)	(2)	(3)	(4)	(5)
(6)	(7)	(8)	(9)	(10)

3．次のa～dの中から最も適当なものを一つ選びなさい。

(1) 日本には_____行っているので、日本のホテル事情にはかなり詳しいですよ。
　　a．たびたび　　　　　　　　b．たちまち
　　c．たまに　　　　　　　　　d．そろそろ

(2) お互いの顔を見て_____笑った。
　　a．必ず　　　　　　　　　　b．残らず
　　c．思わず　　　　　　　　　d．少なからず

(3) 懇話会では、なるべく_____雰囲気をなくし、気軽におしゃべりを楽しみましょう。
　　a．はなはだしい　　　　　　b．喜ばしい
　　c．堅苦しい　　　　　　　　d．おとなしい

(4) 心配性というのは、小さなことまで_____性質のことである。
　　a．気をかける　　　　　　　b．気がある
　　c．気がする　　　　　　　　d．気にする

(5) 買うつもりはなかったのに、セールをやっていたので_____買ってしまった。
　　a．つい　　　　　　　　　　b．ついに
　　c．ふいに　　　　　　　　　d．大いに

(6) 彼は語学の素質がある。_____、努力が足りない。
　　a．そればかりか　　　　　　b．それに
　　c．しかも　　　　　　　　　d．しかし

(7) 同窓会は再来週の火曜日、_____8月21日に行われることになっています。
　　a．すなわち　　　　　　　　b．いわば
　　c．たとえば　　　　　　　　d．要するに

(8) 喫茶店に入ると、ノートパソコンで仕事をしている人をよく_____。
　　a．見かける　　　　　　　　b．見つかる
　　c．見つける　　　　　　　　d．見える

(9) _____本人がいったいどう考えているのかわからない。
　　a．本の　　　　　　　　　　b．当の
　　c．単に　　　　　　　　　　d．仮に

(10) 書かれている内容には、現在の状況に基づいていない部分が_____あります。
　　a．少ない　　　　　　　　　b．多い
　　c．少なからず　　　　　　　d．多くとも

4．次の説明に合致する言葉を、a～dから一つ選びなさい。

（1）力強くて、体が丈夫である。
　　　a．厚かましい　　　　　　　b．勇ましい
　　　c．男くさい　　　　　　　　d．逞しい

（2）位置・時間・意見などの食い違い。
　　　a．あれ　　　　　　　　　　b．すれ
　　　c．ずれ　　　　　　　　　　d．ばれ

（3）不快感を与えるようなことをして嫌われること。
　　　a．顰蹙を買う　　　　　　　b．油を売る
　　　c．肩をすくめる　　　　　　d．目を細める

（4）お尻をベンチや椅子の上にのせて休むこと。
　　　a．腰を曲げる　　　　　　　b．腰を折る
　　　c．腰を抜かす　　　　　　　d．腰を掛ける

（5）恥ずかしがること。
　　　a．あしらい　　　　　　　　b．はじらい
　　　c．さむらい　　　　　　　　d．おさらい

（6）態度などが力強いさま。
　　　a．堂々　　　　　　　　　　b．早々
　　　c．断然　　　　　　　　　　d．整然

5．次の　　　　から適当な言葉を選んで文を完成させなさい（同じ言葉は2回使わないこと）。

| a．打ち込む | b．信じ込む | c．住み込む |
| d．吹き込む | e．飛び込む | f．差し込む |

（1）すでに読んだ本の文章を、自分で読み上げてテープに＿＿＿＿＿こともある。
（2）ここは松尾芭蕉が「古池や蛙＿＿＿＿＿水の音」の句を詠んだ場所だそうです。
（3）日本人はマスコミの情報を簡単に＿＿＿＿＿傾向が強い。
（4）家政婦として富裕層の家に＿＿＿＿＿いる。
（5）タバコを忘れるために、趣味やスポーツなどに＿＿＿＿＿ことにした。
（6）箱から取り出してコンセントに＿＿＿＿＿だけでセット完了です。

6．次のa～dの中から最も適当なものを一つ選びなさい。

(1) プロの目_____、彼の能力はまだまだです。
　　　a．に対して　　　　　　　b．から来れば
　　　c．から見れば　　　　　　d．について

(2) 目上の人_____尊敬語を使ってください。
　　　a．に対して　　　　　　　b．について
　　　c．をめぐって　　　　　　d．にとって

(3) 人の迷惑_____、図書館で、大声で話している主婦が注意された。
　　　a．を問わず　　　　　　　b．にとって
　　　c．もかまわず　　　　　　d．は別にして

(4) 王さんの話_____、この絵はとても価値があるそうだ。
　　　a．に関して　　　　　　　b．によって
　　　c．にすれば　　　　　　　d．によると

(5) この程度のケガなら心配する_____。
　　　a．ものがある　　　　　　b．ことはない
　　　c．ものはない　　　　　　d．ことがある

(6) 砂糖_____果物の糖分は太りにくい。
　　　a．に比べて　　　　　　　b．に加えて
　　　c．ぐらいなら　　　　　　d．ほど

(7) 柔道は、若者の健康によい_____、人格形成にも大いに役立つ。
　　　a．ばかりに　　　　　　　b．だけに
　　　c．どころか　　　　　　　d．ばかりか

(8) これは個人の問題_____、むしろ社会の問題だ。
　　　a．に比べて　　　　　　　b．と言っても
　　　c．と言えば　　　　　　　d．というより

(9) 「昨日のパーティに来なかったね。」
　　「ええ、急に用事ができてしまった_____。」
　　　a．ものだから　　　　　　b．ことだから
　　　c．だけに　　　　　　　　d．ために

(10) 欲しいものがいつでも手に入るという_____。
　　　a．に過ぎない　　　　　　b．わけではない
　　　c．限らない　　　　　　　d．わけがわからない

7．次の □ から適当な言葉を選んで文を完成させなさい（同じ言葉は２回使わないこと）

> a．に対して　　b．に比べて　　c．からすれば　　d．によると

(1) ニュース_____、アメリカは新しい宇宙探査計画を準備しているとのことだ。
(2) このスーパーの販売量は、去年_____40％増加した。
(3) 彼の能力_____、今回の仕事は難しいものではない。
(4) 裕子さんは誰_____も優しい。

> a．ということだ　b．ことはない　c．わけではない　d．ものだから

(5) 日本語が下手な_____、採用されなかった。
(6) 自分が作業する_____から、担当者の意見をよく聞くべきだ。
(7) 時間はまだ十分にあるから、焦る_____。
(8) 田さんの話によると、渡辺さんは今日本に帰っている_____。

> a．というより　　b．ばかりか　　c．もかまわず

(9) あの二人は、周りに大勢の人がいるの_____、大声で口げんかをしていた。
(10) この方針を誤ると、緑化用の苗木を無駄にしてしまう_____、地元住民の強い反感も買うことになる。
(11) 飯倉先生は作家_____むしろ学者だ。

8．次の（　）に適当な助詞を入れなさい。

(1) 日本へ留学（　）行く日（　）楽しみ（　）しています。
(2) 仕事の話はあと（　）して、ゆっくり食べましょう。
(3) 噂（　）よる（　）、ある女優さんもこれ（　）愛用しているそうだ。
(4) 親（　）子ども（　）間には考え方のずれがあった。
(5) あの歌手（　）サイン（　）してもらった。
(6) 来年（　）（　）大学の入学試験（　）合格するぞ。
(7) 北京（　）大きな変化（　）驚きました。
(8) この言葉はどの辞書（　）（　）載っていない。
(9) 最近、年金問題（　）関する評論があちこちで目（　）つく。
(10) 西安駅（　）出る（　）、すぐ古い城壁（　）目（　）入ってくる。

第4課　東京での再会

9．次のa～dの語句を並べ替え、★に入る最もよいものを一つ選びなさい。

(1) 人間は＿＿＿　★＿＿＿　＿＿＿　＿＿＿を忘れてはいけない。
　　a．気持ち　　　　　　　　b．対して
　　c．感謝の　　　　　　　　d．自然に

(2) ＿＿＿　★＿＿＿　＿＿＿　＿＿＿できる。
　　a．からこそ　　　　　　　b．若い
　　c．挑戦　　　　　　　　　d．いろいろなことに

(3) ストレスがたまると＿＿＿　★＿＿＿　＿＿＿　＿＿＿、病気につながる場合もあります。
　　a．効率が　　　　　　　　b．ばかりか
　　c．仕事の　　　　　　　　d．下がる

(4) あまりにも＿＿＿　★＿＿＿　＿＿＿　＿＿＿。
　　a．美しい　　　　　　　　b．しまいました
　　c．見惚れて　　　　　　　d．ものだから

(5) インドの映画なら、＿＿＿　＿＿＿　★＿＿＿　＿＿＿踊ったりしても全然抵抗はない。
　　a．タイミングも　　　　　b．歌ったり
　　c．かまわず　　　　　　　d．場所も

(6) 消費税がアップするからと言って、＿＿＿　＿＿＿　＿＿＿　★＿＿＿。
　　a．購入を　　　　　　　　b．ことはない
　　c．マイホームの　　　　　d．急ぐ

(7) ライバルより価格を＿＿＿　★＿＿＿　＿＿＿　＿＿＿。
　　a．わけではない　　　　　b．設定すれば
　　c．売れるという　　　　　d．安く

(8) 中小企業の生き残る会社では、＿＿＿　★＿＿＿　＿＿＿　＿＿＿持っている。
　　a．誇りを　　　　　　　　b．社員の
　　c．会社に　　　　　　　　d．家族までもが

(9) ＿＿＿　★＿＿＿、＿＿＿　＿＿＿のように見える。
　　a．一つの観光地　　　　　b．欧州の
　　c．観光客からすれば　　　d．日中韓は

(10) 彼は目の前にいるのに、私と彼との間には、まるで＿＿＿　＿＿＿　＿＿＿　★＿＿＿。
　　a．あるかの　　　　　　　b．ようでした
　　c．壁でも　　　　　　　　d．見えない

10. 次の中国語を日本語に訳しなさい。

（1）他实际上一次都没有去过迪斯尼乐园，可是却夸夸其谈好像去过好多次似的。

（2）从他说话的口气来看，他好像已经知道那件事了。

（3）这个奖是授予对世界和平作出贡献的人的。

（4）很多人都在等着，她却若无其事地用公共电话煲起了电话粥。

（5）据报道，因交通事故而死亡的人数每年都在增长。

（6）失败谁都会有的，所以不必那么在意哟。

（7）我觉得与那件商品相比，这件商品更适合您。

（8）他不仅不听别人的意见，而且还认为自己的意见是绝对的。

（9）这个动画片，与其说是面向儿童，倒不如说是为了大人而创作的更贴切些。

（10）我不擅长西班牙语，但也并非一点儿都不会说。

Ⅱ．听力 🎧

1．録音を聴いて、正しい答えを一つ選びなさい。

　　(1) _____　(2) _____　(3) _____　(4) _____

2．録音を聴いて、内容と合っていれば〇、間違っていれば×を書きなさい。

　　(　)　(1) これは新郎から来賓へのスピーチです。
　　(　)　(2) これは新婦から来賓へのスピーチです。
　　(　)　(3) ここは二人の披露宴会場です。
　　(　)　(4) 二人の披露宴はお開きになりました。

Ⅲ．阅读

次の文章を読んで後の問いに答えなさい。

　　現在、大学生の学力の低下が広がっている。そのため、大学院が重視されるようになった。大学審議会も大学院の増加を支持する考えだ。（イ）、その一方で「学位インフレ」を心配する声が上がっている。

　　上野千鶴子東大教授が朝日新聞に投稿した文章によると、日本の社会は大学院を必要としていないらしい。理科系ならいいが、文科系の修士や博士を受け入れる企業はほとんどないということだ。

　　その結果、文化系大学院修了者の就職先は大学だけということになる。しかし、大学自体も無限に太りつづけるわけにはいかない。それどころか、少子化の影響で大学の学生数が急激に減少し、この先多くの大学が倒産するかもしれないという。

　　文部科学省の平成18年度学校基本調査によると、大学院の学生数は26万1千人（前年度より7千人増加）で過去最高。このうち女子の割合は30.1パーセント（前年度より0.3ポイント上昇）で過去最高。また、大学院生のうち社会人（経常的な収入を目的とする仕事をしている者。ただし、企業等を退職した者及び主婦なども含む）は4万9千人で、その占める割合は18.6パーセント（前年度より0.8ポイント上昇）である。

　　たくさんの人がより高い水準の高等教育を受けるようになったのはとても喜ばしいことだ。しかし、このままでは、いずれ学位取得者が大量に余ってしまうことになるであろう。

問題

(1) 次のa～dの中から、（イ）に入れるのに適当な接続詞を選びなさい。
  a．しかし b．そして c．よって d．また

(2) 文中に「無限に太りつづける」とありますが、ここではどういうことを言っているのか。簡潔に説明しなさい。

(3) 文章の内容と合っているものには〇を、合っていないものには×を書きなさい。
 （　）a．日本には理科系の修士や博士を受け入れる会社がある。
 （　）b．日本では大学が増えすぎてしまって、多くの大学が倒産した。
 （　）c．大学院で勉強する社会人に、主婦は含まれていない。
 （　）d．筆者は大学院を増やすことに強く反対している。

(4) 次のa～dの中で、本文に続く文章として最も適当と思われるものはどれか。
  a．特に急激に増えた女性の学位取得者が大量に余っている。
  b．大学や大学院の数を減らし、学位は少数の優秀な者に与えたほうがよい。
  c．多くの国民がより高い水準の教育を受けられるように、これからも大学院の数を増やしてくことが重要だろう。
  d．今、学位取得者を生かすことのできる社会への転換が求められている。

最後に会話文と読解文を読み直して、_____を埋めなさい。

ユニット1　会話　　　　　お久しぶり！

高橋：王さん！
王　：あ、高橋さん！
高橋：＿＿＿＿＿＿。元気だった？
王　：ええ。毎日＿＿＿＿＿＿。
高橋：そう、＿＿＿＿＿＿。じゃ、行きましょうか。
王　：北京のみんなは元気ですか。
高橋：ええ、みんな元気よ。李さんも＿＿＿＿＿＿し…。ね、王さん、実際に東京に来てみて、どう？
王　：うーん、そうだなあ、＿＿＿＿＿＿っていうことと、＿＿＿＿＿＿ってことに、…
高橋：＿＿＿＿＿＿。
王　：うん。
高橋：＿＿＿＿＿＿そうね。
王　：あれ？　高橋さん、あそこの女の人…。

高橋：えっ？… あのお化粧してる人のこと？
王　：恥ずかしくないのかな？
高橋：うん、＿＿＿＿＿＿って私も思うけど。
王　：見られてるっていう＿＿＿＿＿＿のかな。
高橋：＿＿＿＿＿＿わけじゃないと思うけど…。
高橋：ただいま。お母さーん、王さんが＿＿＿＿＿＿よー。
母　：まあ、王さん、＿＿＿＿＿＿。＿＿＿＿＿＿。
王　：＿＿＿＿＿＿。
母　：こちらこそ。さあさあ、＿＿＿＿＿＿、どうぞお上がりください。
王　：＿＿＿＿＿＿。
王　：これ、中国の緑茶なんですが、＿＿＿＿＿＿。
母　：まあ、これはこれは。＿＿＿＿＿＿ありがとうございます。北京では＿＿＿＿＿＿、本当にありがとうございました。
王　：いいえ、＿＿＿＿＿＿です。
母　：さあ、どうぞ、＿＿＿＿＿＿。
王　：はい、＿＿＿＿＿＿。
高橋：これ、日本の緑茶よ。どうぞ。
王　：あ、＿＿＿＿＿＿。
母　：王さん、大学はどうですか。＿＿＿＿＿＿？
王　：ええ、実は、空手を習い始めたんです。
高橋：ええ！？　王さんが空手を…。
母　：前から＿＿＿＿＿＿の？
王　：やってみたかったというより、アメリカ人の友達に＿＿＿＿＿＿ものですから…。
母　：そういえば、＿＿＿＿＿＿わね。
王　：いえ、やっと＿＿＿＿＿＿ようになった程度です。
高橋：王さん、母の前だからって、＿＿＿＿＿＿んじゃない？
王　：えっ、そう？すみません。いつも空手部の＿＿＿＿＿＿敬語を使っているものですから、つい…。
母　：王さん、本当に日本語が上手になったわね。

ユニット2　読解　　　車内で化粧をする女性

　最近、電車の中で化粧をする若い女性を_____。_____しまうが、当の本人は周囲の人が_____かのように、_____顔で化粧を続けている。人に_____ことが恥ずかしくないのだろうか。そう_____、揺れる車内でもきれいに化粧をする様子を見て、_____。

　車内での化粧が_____頃、新聞にこの問題についての対談が載った。車内で化粧をすると言う女性と、それに対して_____の対談である。車内での化粧が平気なのはなぜなのか、女性の考えが_____、なかなか面白かった。

　女性全般に_____というこの男性は、_____と尋ねている。彼女からすれば、自分が会う人に対して_____からこそ化粧をするということだ。彼女によると、周りにいる乗客が_____から、化粧ができるのだとか。確かに_____恥じらいを感じることはないわけだ。彼女の中では、_____人とそうでない人との間にはっきりと_____ようだ。

　さらにこの男性はこの女性に対して、_____車内でほかの人にとって_____ということは問題ではないのかと_____いる。彼女は次のように答えている。「公の空間なのだから常に_____という主張と、公の中に_____という私の考え方の間には、_____のではないでしょうか。」

　この女性の意見に対して、_____ことは容易である。実際、最近では車内で化粧をする女性ばかりか、_____若者や、_____者まで見かけるようになった。しかし、以前から、同じ車内で_____ような写真の載った新聞や雑誌を_____、多くの_____男性が_____事実である。

　ここで、さきの女性の発言を_____、こうした一連の現象は_____であろう。すなわち、社会的な空間の中に_____、周囲の人を風景や物のようにしか見なくなった人々が_____という見方である。しかしながら、_____日本人は、ずっと以前から公の中に_____、それを作ってきたのではなかったか。現在の生活では、そのことが車内での_____ようになったとも言えそうである。

実力テスト2

1. 次の漢字の読み方を、ひらがなで書きなさい。

   (1) ① 命（　　　　）　② 生命（　　　　）
   (2) ① 加える（　　　　）　② 追加（　　　　）
   (3) ① 悔しい（　　　　）　② 後悔（　　　　）
   (4) ① 結う（　　　　）　② 結ぶ（　　　　）　③ 結論（　　　　）
   (5) ① 抜く（　　　　）　② 奇抜（　　　　）
   (6) ① 冷める（　　　　）　② 冷たい（　　　　）　③ 冷静（　　　　）
   (7) ① 避ける（　　　　）　② 避難（　　　　）
   (8) ① 載る（　　　　）　② 連載（　　　　）
   (9) ① 関わり（　　　　）　② 関係（　　　　）
   (10) ① 勝つ（　　　　）　② 勝手（　　　　）　③ 勝負（　　　　）

2. 次の下線部のひらがなを漢字に直しなさい。

   (1) a．最近は省力化の一環として、駅や<u>しゃない</u>の放送が自動化されている。
   　　b．ITシステムを利用して、<u>しゃない</u>のネットワークを作った。
   (2) a．選手たちの努力に<u>かんしん</u>した。
   　　b．日本の古典文学に強い<u>かんしん</u>を持っている。
   (3) a．その店では本場の<u>しせん</u>料理が食べられる。
   　　b．周りの<u>しせん</u>が気になる。
   (4) a．寒さのためゴムが<u>かたく</u>なった。
   　　b．私は彼の言うことを<u>かたく</u>信じている。
   (5) a．全国の喫煙率は11年連続で<u>げんしょう</u>した。
   　　b．火山の噴火の前には多くの異常<u>げんしょう</u>が見られる。
   (6) a．あの歌手は10年ぶりに活動を<u>さいかい</u>した。
   　　b．先日、中高6年間一緒だった友達と<u>さいかい</u>した。
   (7) a．母は夕食の<u>ようい</u>をしている。
   　　b．自分の国の言葉で表現するだけでも<u>ようい</u>なことではない。
   (8) a．バーゲンセールなので、全商品を<u>ていか</u>の2割引きにしています。
   　　b．パソコンやテレビゲームの普及によって視力の<u>ていか</u>が問題となっている。
   (9) a．大学の<u>こうぎ</u>がインターネットで公開されている。
   　　b．時間通りにニュースを放送しなかったテレビ局に<u>こうぎ</u>した。
   (10) a．姉は日本の会社に<u>つとめ</u>ている。
   　　b．彼は市会議員を<u>つとめ</u>ている。
   　　c．サービスの品質向上に<u>つとめ</u>ている。

(1)	a	(2)	a	(3)	a	(4)	a
	b		b		b		b
(5)	a	(6)	a	(7)	a	(8)	a
	b		b		b		b
(9)	a	(10)	a	c			
	b		b				

3．次の下線部の□□□部分の漢字と同じ漢字を使っている熟語を、a～dの中から一つ選びなさい。

(1) インターネットで発音のしどうを受けた。
　　a．最近、家庭きょうしのアルバイトをはじめた。
　　b．まだ練習が足りないと先生にしてきされた。
　　c．大学には課外活動のしせつが設けられている。
　　d．プラスしこうで自分をとらえることが大切だ。
(2) 弁護士は「先生」と呼ばれてそんけいされている。
　　a．パソコンでネットショッピングをしたけいけんがある。
　　b．株価は上昇のけいこうを示している。
　　c．このような言葉遣いでは、相手へのけいいが感じられない。
　　d．費用がどれだけかかるかけいさんしなければならない。
(3) 筆者は作品の中で自由の大切さをしゅちょうした。
　　a．大勢の人を前に、きんちょうして自分の意見をうまく言えなかった。
　　b．中国では誕生日にちょうじゅを願ってうどんを食べる習慣がある。
　　c．毎日のスケジュールを丁寧にてちょうに書いている。
　　d．大学生を対象にアンケートちょうさを実施した。
(4) 私は落ち着いたふんいきのレストランが好きだ。
　　a．そのときは彼女の涙のいみが分からなかった。
　　b．彼は子どもに莫大ないさんを残した。
　　c．そんなことをしたらしゅういがうるさい。
　　d．シェフは現場でのちいが高いほど帽子が高いそうだ。
(5) 友達から京都観光一日じょうしゃ券をもらった。
　　a．みんなにじじょうを説明したら理解してもらえました。
　　b．学校で習ったことは仕事の中でひじょうに役立っている。
　　c．田中さんは中国語のじょうたつが速い。
　　d．このバスの事故で5人のじょうきゃくがけがをした。

4．次の説明に合致する言葉を、a～dの中から一つ選びなさい。

(1) 抵抗や反対などを押しきって、無理に物事を行うこと。
　　a．緊急　　　　b．決意　　　　c．強引　　　　d．強意
(2) 人に対して、控えめな言動をすること。
　　a．遠慮　　　　b．無理　　　　c．期待　　　　d．感心
(3) 気楽なところがなくて窮屈である。
　　a．すばやい　　b．堅苦しい　　c．恥ずかしい　d．恐ろしい
(4) 容器の中の液体などを、外にあふれ出させること。
　　a．加える　　　b．勧める　　　c．注ぐ　　　　d．こぼす
(5) 待ち望んでいたことが、もうすぐ始まったり実現したりするさま。
　　a．すっきり　　b．なかなか　　c．そっくり　　d．いよいよ

5．次のa～dの中から最も適当なものを一つ選びなさい。

(1) 古都にこそ古い慣習や古い_____が依然として残っている。
　　a．仕事収め　　　　　　b．しきたり
　　c．スタイル　　　　　　d．手がかり
(2) わが家では、新婚のころ買った食器が、30年たった今でも_____している。
　　a．輸入　　　　　　　　b．活躍
　　c．無駄　　　　　　　　d．摩擦
(3) 君はまだ_____が足りないね。
　　a．苦労　　　　　　　　b．限界
　　c．昇進　　　　　　　　d．逆転
(4) あんな世界ランクの低い選手に負けるなんて_____。
　　a．寂しい　　　　　　　b．うらやましい
　　c．くやしい　　　　　　d．いやしい
(5) 新しい時代を_____生きていきたい。
　　a．さびしく　　　　　　b．くわしく
　　c．くるしく　　　　　　d．たくましく
(6) 何気なく言った一言が、クラスメートの反感を_____しまった。
　　a．言って　　　　　　　b．引いて
　　c．買って　　　　　　　d．取って
(7) 私に_____ください。
　　a．構わないで　　　　　b．困らないで
　　c．迷わないで　　　　　d．及ばないで
(8) _____ように、静かに後ろの席に座った。
　　a．しまわない　　　　　b．すませない
　　c．進めない　　　　　　d．目立たない

(9) ＿＿＿うっかりして、傘を間違えてしまった。
　　a．わざわざ　　　　　　　b．つい
　　c．せっかく　　　　　　　d．さて
(10) そのうち＿＿＿なるだろう。
　　a．今や　　　　　　　　　b．むしろ
　　c．なんとか　　　　　　　d．確かに

6．次のa～dの中から最も適当なものを一つ選びなさい。

(1) 彼と話していると楽しくて、時間のたつのを忘れる＿＿＿でした。
　　a．だけ　　　　　　　　　b．から
　　c．より　　　　　　　　　d．ほど
(2) 歩道に置かれた彫刻は、街を行く人に何かを語りかけている＿＿＿のようだ。
　　a．と　　　　　　　　　　b．で
　　c．か　　　　　　　　　　d．が
(3) このデパートでは、日本料理＿＿＿はじめ、各国の料理を楽しむことができる。
　　a．で　　　　　　　　　　b．に
　　c．を　　　　　　　　　　d．は
(4) 期待していた＿＿＿、失敗したショックは大きかった。
　　a．だけに　　　　　　　　b．こそが
　　c．すら　　　　　　　　　d．さえ
(5) 災害地の復興は、住民の協力＿＿＿成功しない。
　　a．ぬきには　　　　　　　b．をもって
　　c．をめぐり　　　　　　　d．をもとに
(6) 母はぐあいが悪くても薬を飲まない＿＿＿、医者にも行かない。
　　a．けれども　　　　　　　b．ばかりか
　　c．ばかりに　　　　　　　d．からこそ
(7) 若者は雨が降っているのも＿＿＿、開場を待って並んでいました。
　　a．かわらずに　　　　　　b．かかわらずに
　　c．かたよらずに　　　　　d．かまわずに
(8) 歩行者の安全を守るという点＿＿＿、ある程度の交通規制はしかたがない。
　　a．からには　　　　　　　b．からといって
　　c．からして　　　　　　　d．からすれば
(9) 悪いのは向こうだから、きみが謝る＿＿＿はない。
　　a．こと　　　　　　　　　b．もの
　　c．わけ　　　　　　　　　d．はず
(10) 勉強が忙しいので、毎日アルバイトをする＿＿＿。
　　a．わけだ　　　　　　　　b．わけもない
　　c．わけはない　　　　　　d．わけにはいかない

7．次の中国語を日本語に訳しなさい。

（1）山田第一次上电视也很紧张。

（2）这种新药是经过多年研究之后生产出来的。

（3）外语讲座有汉语、朝鲜语、泰国语、阿拉伯语、土耳其语等，都可以认定为学分。

（4）关于家庭问题，不仅在男女之间存在认识的差异，各年龄层之间的差异也很大。

（5）我们也可以把这些困难看成是新的商业机会吧。

（6）没有注明引用、出处的文章一旦在网上公开，就会引发诸多问题，例如是否侵害了著作权等。

（7）即便自以为是在按照自己的想法生活，也许在不知不觉之间已经受到周围的影响，早已被程式化了。

（8）从国际化这一点上来看，外国人在相扑界的发展是一个可喜的现象。

（9）现代医疗技术延长了人们的寿命，但是另一方面也引发了很多令人深思的问题。

（10）关于垃圾处理的问题唐老师最精通，讨论专业方面的问题不能没有唐老师。

8．次の日本語を中国語に訳しなさい。

　　2007年はますます中国が注目される年になると思う。はやりそうなものにすぐ飛びつくのがミーハーの身上。そこで、お正月は司馬遼太郎の『項羽と劉邦』上・中・下、約1000ページを読破。恥ずかしながら『プレジデント』とかいう雑誌につとめながらも三国志を読んだことがなかった私。編集部で三国志だ、諸葛孔明だ、劉備玄徳だ、なんだ、というような話題になると、頭の中が「εαδpζiηo?dH〆AΥΨΦ…」とまったくの文字化け状態になる。これはいかんのではないか、と常々思っていたが、読まなければならない本は山ほどあって、三国志まではたどり着けないでいた。実家に帰ると父が、「三国志。うちに吉川英治のが十巻ある」と言って、ドーンと出してくれた。ぱっと開けてみるといきなり二段組みで即座に断念。「やめとく。お正月に読み切る自信ない」。それで、三国志より400年ほど古い話になるけれども、司馬遼太郎の『項羽と劉邦』でお茶を濁した。

　　でも、「お茶を濁した」で片づけるには面白すぎる本だった。なにが面白かったのかといえば、司馬遼太郎描く英雄と彼らをとりまく人物像。中巻の帯に、「この本にはあらゆる人間の典型が描かれている」とあったが、まさにそのとおりだった。なかでも主役の一人、劉邦は最も魅力的で、最も不可解な人物だった。司馬遼太郎が劉邦に入れ込んでいることは読んでいけばすぐわかる。私は、司馬遼太郎が劉邦を通して語りたかったことの一つは、「徳とはなにか」ということではないかと思う。

第5課　古都

単語帳

ツアー　カメラ　ガム　レジ　クレジットカード　カード　クーポン　スタッフ　ノートパソコン
ビジネスセンター　ラブラブ　コンビニ　セミナー　ガイド　コンクリート造り　バランス
ベテラン　モダン

波　姿　都　米　側　仏教　薬学　就職活動　修学旅行　一人旅　道連れ
自由行動　当ホテル　車掌　座席　貴重品　義務教育　母校　家中　本家　新車
期限　紙幣　現金　館内　規則　条例　立ち入り禁止　代わり　未満　民族舞踊
見どころ　東西南北　碁盤の目　通り　大通り　上ル　下ル　西入ル　右左裏表
春夏秋冬　一木一草　庭園　水族館　景観　高層ビル　高速道路　林立千年
長年　時時　在る無し　感覚　賛否　効果　資源　河川　驚き　高齢者　男女
恋　占い　奇数　偶数　頭痛　風邪薬　品質　本日　振込み　利点　考慮
破壊　保存　合意　禁煙　喫煙　対応　省略　割引　拝観　飲食　借金　開館
許可　限定　遭難　失明

浅い　豊富　絶妙　遥か　保守的　対照的　現代的　すごすご(と)　まさに　相当
古きよき　そのもの　たる　のみ　ともかく　まず　ところが

倣う　追う　覆う　移す　偲ぶ　噛む　配る　慌てる　埋め立てる　寄せる　頼る
馳せる　取り立てる　届ける　肩を竦める　身につく

頤和園　東大寺　興福寺　唐招提寺　平城京　西安　長安　金沢　大唐時代
鑑真和尚　萩

文法リスト

N以来／Vて以来＜時間状語＞
N(＋格助詞)さえ＜凸显代表性的事物＞
それに対して／～（の）に対して
　＜対比＞
～だからといって＜転折＞
A／Vて（で）ならない＜极端的心理状態＞
～というわけだ＜说明＞
ところが＜転折＞

Nとなっている＜既定＞
～にかかわらず＜无区别＞
Nにしてみれば＜看法＞
Nはともかく（として）＜另当別論＞
NまでしてVてまで＜极端的程度＞
Vるまでもない＜没有必要＞
～ように＜铺垫＞
Nを問わず＜无区別＞

Ⅰ．字・語彙・文法

1．次の下線部の漢字の読み方をひらがなで書きなさい。

(1) 子どもの金銭感覚は、親を見て自然に身に付くものだ。
(2) 計画を立てるには物価の変動も考慮する必要がある。
(3) 品質のいいものを買うことにしています。
(4) トルコでトランプの占いをしました。
(5) 心の癒しとストレスの解消方法についてご紹介します。
(6) 慌てて家を出たので、携帯を忘れてきた。
(7) 提携するには、まだいくつか確認を必要とするが、ほぼ合意に達した。
(8) 旅は道連れ世は情け。
(9) 借金の返済で生活が苦しい。
(10) 彼は裏表のない、まじめな人だ。

(1)	(2)	(3)	(4)	(5)
(6)	(7)	(8)	(9)	(10)

2．次の下線部のひらがなを漢字に直しなさい。

(1) 環境はかいを避けるようにしなければならない。
(2) この法案についてはさんぴ両論がある。
(3) きちょうひんは金庫に入れてください。
(4) そうなんした場合は、まず的確な状況の把握と救助の要請をする。
(5) 日本は石油や鉄鉱石などのしげんに乏しい国である。
(6) 日本列島は低気圧におおわれている。
(7) 村の人は、決められたきそくは忠実に守る。
(8) ぶっきょうが日本に与えた影響は大きい。
(9) 不動産に投資することには、いくつかのりてんがある。
(10) 「友達以上、恋人みまん」なんてあいまいだね。

(1)	(2)	(3)	(4)	(5)
(6)	(7)	(8)	(9)	(10)

3．次の下線部のひらがなを漢字に直しなさい。

(1) a．彼の作品のこうそうの源は、子供時代の経験にあるようだ。
    b．市役所は周りのこうそう建築に囲まれて小さく見える。
(2) a．北京美術館で開かれていた展覧会の絵画をかんしょうした。
    b．私の個人的な問題にかんしょうしないでください。
(3) a．そのニュースは新聞にのっている。
    b．自転車にのって学校へ行く。
(4) a．暗い森の中で、彼は方向かんかくを失った。
    b．ラッシュアワー時には、２、３分かんかくで電車が走っています。
(5) a．そんなことをしたら逆こうかになる。
    b．その女優はいつもこうかな宝石を身に着けている。
(6) a．一本の高い木が水面に長い影をうつしている。
    b．彼はその計画を直ちに実行にうつすべきだと提案した。
(7) a．温泉だけではなく、大自然のけいかんも楽しみました。
    b．けいかんが交差点で交通整理をしている。
(8) a．次のかせん部の漢字の読み方をひらがなで書きなさい。
    b．大雨でかせんが氾濫した。

(1)	a	(2)	a	(3)	a	(4)	a
	b		b		b		b
(5)	a	(6)	a	(7)	a	(8)	a
	b		b		b		b

4．次のa〜dの中から最も適当なものを一つ選びなさい。

(1) いろいろな食べ物を組み合わせて食べると、栄養の＿＿＿＿がとれる。
    a．ベランダ   b．バランス
    c．スランプ   d．トランク
(2) 正しい英語の発音を身に＿＿＿＿には、英語の歌が近道だ。
    a．つける   b．つく
    c．かける   d．かかる
(3) 急いで行ったのに間に合わなかったようで、彼は＿＿＿＿引き返してきた。
    a．はらはら   b．めそめそ
    c．すごすご   d．しとしと

(4) 中国は世界有数のレアメタルの産出国として名を_____いる。
 　　a．広めて　　　　　　　　b．付けて
 　　c．知って　　　　　　　　d．馳せて
(5) 私は仕事を一つやり終えた時、いつも満足感を_____。
 　　a．達する　　　　　　　　b．覚える
 　　c．果たす　　　　　　　　d．遂げる
(6) 亡き友を_____、記念碑を建てた。
 　　a．偲んで　　　　　　　　b．忍んで
 　　c．思って　　　　　　　　d．馳せて
(7) あの人は「これでは仕方がないわね」と肩を_____ながら帰って行った。
 　　a．ならべ　　　　　　　　b．たたき
 　　c．すくめ　　　　　　　　d．もみ
(8) 奈良の唐招提寺や薬師寺を見るには、_____料が必要だ。
 　　a．拝見　　　　　　　　　b．拝察
 　　c．拝観　　　　　　　　　d．拝啓
(9) このところずっと編集の仕事に_____いる。
 　　a．食われて　　　　　　　b．遭われて
 　　c．添われて　　　　　　　d．追われて
(10) 新聞によると、中国企業はベトナムへの投資に関心を_____いるそうだ。
 　　a．寄せて　　　　　　　　b．寄って
 　　c．送って　　　　　　　　d．引いて

5．次の□□□から適当な言葉を選んで文を完成させなさい（同じ言葉は２回使わないこと）

　A
　　| a．まず　　b．まさに　　c．はるか　　d．そのもの |

(1) 計画_____に無理があったため、旅行は全然楽しめなかった。
(2) 購入したものの用途について問われることは_____ないだろう。
(3) 遠い昔、_____銀河の向こうに最強の親子がいた。
(4) これこそ_____私の見たかった映画だ。

B

a．を問わず	b．にかかわらず
c．となっている	d．にもかかわらず

(5) 会長一人の判断で決定することは、制度上不可能_____。

(6) 国籍、年齢、性別_____、留学生ならどなたでも申し込めます。

(7) 今の世の中は学歴の有無に_____、能力があれば認められる。

(8) 熱がある_____、彼は会議に出席した。

6．次のa～dの中から最も適当なものを一つ選びなさい。

(1) S社は借金_____事業を広げたが、不景気でついに倒産してしまった。
   a．からすると　　　　　b．とともに
   c．までして　　　　　　d．によって

(2) お酒は種類_____、合計3本以上お買い上げいただくと送料無料です。
   a．を問わず　　　　　　b．のみならず
   c．もかまわず　　　　　d．はもちろん

(3) 親が反対するかどうか_____、私はこの仕事をやりたい。
   a．に応じて　　　　　　b．にかかわらず
   c．に従って　　　　　　d．にもかかわらず

(4) 能力試験が就職に有利かどうか_____、資格として取っておいたほうがいい。
   a．は除いて　　　　　　b．はもとより
   c．はともかく　　　　　d．はもちろん

(5) 彼は大学を卒業して故郷を出て_____、一度も故郷に帰っていない。
   a．以来　　　　　　　　b．以上
   c．後で　　　　　　　　d．上で

(6) 大学を出た_____、出世するとは限らない。
   a．からには　　　　　　b．からといって
   c．とすれば　　　　　　d．としたら

(7) 東南アジアという言葉が一般に広く使われている_____、東北アジアという言葉はあまり使われていない。
   a．において　　　　　　b．かと思うと
   c．のに対して　　　　　d．に対して

(8) 彼が気にしていることを批判したから、彼は怒る_____。
   a．ほどだ　　　　　　　b．べきだ
   c．はずだ　　　　　　　d．わけだ

(9) 私が社会人になった20年前は、国際企業と言われているソニー＿＿＿＿、社内で英語のできる人は少なかった。
　　a．なので　　　　　　　　　b．ばかりに
　　c．だけに　　　　　　　　　d．でさえ

(10) 暑いのにスーツを着て仕事をするのがいや＿＿＿＿。
　　a．でならない　　　　　　　b．でしかない
　　c．でいられない　　　　　　d．でほかない

(11) 親＿＿＿＿みれば、いくつになっても子は子なのだ。
　　a．として　　　　　　　　　b．にあたって
　　c．とあって　　　　　　　　d．にして

(12) 天気がよかったので傘を持たないで出かけた。＿＿＿＿、午後になって急に雨が降り出した。
　　a．ところで　　　　　　　　b．ところが
　　c．すると　　　　　　　　　d．そして

(13) 辞書やネットで調べればわかるのだから、先生に聞く＿＿＿＿。
　　a．までだ　　　　　　　　　b．ものだ
　　c．までもない　　　　　　　d．までではない

7．次の（　）に適当な助詞を入れなさい。

(1) 特別にお願いして専門医（　）治療（　）（　）してもらった（　）（　）、病状は改善しない。
(2) これは、医者（　）（　）（　）名前（　）知らない病気だ。
(3) 帰国する（　）（　）（　）、一度ゆっくり話し合いましょう。
(4) これは君（　）（　）（　）話した秘密だ。
(5) 豊かな国になる（　）（　）、まだまだ努力（　）必要だ。
(6) 需要（　）供給（　）バランスをとるべきだ。
(7) 彼は熱心に仕事（　）取り組む。
(8) 人（　）そのことを聞かれたりしたら大変だ。
(9) 急用がある（　）（　）、今日はこれ（　）失礼します。
(10) 今から（　）（　）遅くはありません。

8．次のaとbから正しい表現を選んで、会話を完成させなさい。

会話1　（スーパーのレジで）

店員：合計で13,230円となります。
王　：あのー、こちらではクレジットカードも使えますか。

店員：ええ、＿①＿。
　　　（a．ご利用いただけます　　　b．ご利用になれます）

王　：じゃ、このカードでお願いします。

店員：はい、では、カードをお預かりします。

王　：（割引クーポンを持っていることを思い出して）あ、すみません、このクーポンも、使えますか。

店員：まことに申し訳ございません。そちらのクーポンの有効期限はきのうまでとなっておりますので、＿②＿。
　　　（a．ご利用できません　　　b．お使いになってはいけません）

王　：そうですか。

会話２　（図書館で、辞書の貸し出しについて）

A：あのー、すみません、この辞書、借りられますか。

B：辞書は閲覧のみ可能です。貸し出しは＿③＿ので、館内でご覧ください。
　　　（a．していけない　　　b．できません）

会話３　（教室で王と三好が京都ツアーの写真を見ている。吉田先生が入ってくる）

吉田：何だか楽しそうですね。

王　：あ、先生。

吉田：何を見ているんですか。

王　：このあいだ友達と京都へ行ったときの写真です。

吉田：へえー、ちょっと＿④＿。
　　　（a．見せてもらってもいいですか　　　b．見てもらってもいいですか）

王　：ええ、どうぞ、＿⑤＿。
　　　（a．ご覧になってください　　　b．ご覧になってもいいです）

三好：先生、王さんの写真、すごいんですよ。ラブラブ写真でいっぱいなんです。

吉田：それじゃ、見るのやめようかなあ。

会話４　レストランで、A．店員⇒B．客（禁煙の席でタバコを吸っている）

A：お客様、申し訳ございませんが、こちらは禁煙席となっておりますので＿⑥＿。
　　　（a．おタバコはだめです。　　　b．おタバコはご遠慮いただけますか）

B：すみません、気がつきませんでした。

9．次の文を完成させなさい。

　　(1) 卒業して以来、＿＿＿＿＿＿＿＿＿＿＿＿＿＿＿＿＿＿＿＿＿＿＿＿＿＿。

　　(2) 自分の体を壊してまでして＿＿＿＿＿＿＿＿＿＿＿＿＿＿＿＿＿＿＿＿。

　　(3) 20歳以上なら、経験や学歴を問わず＿＿＿＿＿＿＿＿＿＿＿＿＿＿＿＿。

　　(4) 天気の良し悪しにかかわらず、＿＿＿＿＿＿＿＿＿＿＿＿＿＿＿＿＿＿。

　　(5) この間お話したように、＿＿＿＿＿＿＿＿＿＿＿＿＿＿＿＿＿＿＿＿＿。

　　(6) 遅れないように早く出かけたのだが、＿＿＿＿＿＿＿＿＿＿＿＿＿＿＿。

　　(7) バイト代はともかく、アルバイトは＿＿＿＿＿＿＿＿＿＿と思います。

　　(8) 確かに計画が失敗した責任は彼にある。だからといって、＿＿＿＿＿＿。

　　(9) わが家では、ずぼらな父に対して、＿＿＿＿＿＿＿＿＿＿＿＿＿＿＿＿。

　　(10) 2000元ぐらいの電子辞書でも、学生にしてみれば＿＿＿＿＿＿＿＿＿。

　　(11) 今月に入ってからも小さな地震がたびたび起きるため、＿＿＿＿＿＿＿。

　　(12) メールで連絡すればいいから、わざわざ＿＿＿＿＿＿＿＿＿＿＿＿＿＿。

10．次の中国語を日本語に訳しなさい。

　　（1）从非洲旅行回来以后，她简直像变了一个人似的。

　　（2）虽然有很多想要的东西，但是还没有到想要借钱去买的程度。

（3）无论成功与否，我都要坚持到最后。

（4）现在，任何年龄段的人只要通过入学考试，就可以上大学。

（5）虽然语法上确实有些错误，但整体来看，这篇论文写得不错。

（6）那家公司收入的确很高。但是尽管如此，我也不能放弃现在这份自己喜欢的工作。

（7）日本具有先进的技术。而中国则具有广阔的市场和丰富的资源。

（8）我20年前拿了驾照，但是没有车。也就是说很长一段时间我是个挂牌司机。

（9）这么有名的和歌，连小学生都会背诵，你这个大学生却不会，你好意思吗！

（10）我非常担心将来能否找到好工作。

（11）有句话叫做"入乡随俗"，的确，到了国外最好按照那个国家的风俗习惯生活。

（12）孩子之间的吵架父母没必要特意出面，这点小事儿该让孩子们自己解决。

Ⅱ. 听力

1. 録音を聴いて、正しい答えを一つ選びなさい。

   (1) _____ (2) _____ (3) _____ (4) _____

2. それぞれの下の（　）の中に、次の交通標識の読み方を書きなさい。

   (　　)　　(　　)　　(　　)　　(　　)

Ⅲ. 阅读

次の文章を読んで後の問いに答えなさい。

「どうして日本では、子どもだけでなくて大人たちも漫画を読んでいるのか。」と言う外国人の声をよく聞く。確かに、電車の中で漫画雑誌に夢中になっている大人を見るのは珍しいことではない。特に、20代、30代の大人たちが多いようだ。彼らは、なぜ、大人になっても漫画を読んでいるのか、（ イ ）、彼らが読んでいる漫画とはどんなものなのだろうか。

漫画の特徴をあげると、まず、漫画は、駅で買って電車の中で立ったまま読めるという便利さがある。すぐ手に入ってその場で読むことができるので、毎日仕事で忙しい人たちにとっては、最も簡単なリラックス方法の一つだと言えるだろう。

また、漫画には「絵」があるとう点で、字だけの本に比べて、内容がとても分かりやすい。言葉だけによる表現よりも、絵があるほうが具体的なイメージを持つことができるので、読者にとっては理解しやすくなる。最近では、この特徴を生かして、会社や商品のパンフレットや説明書など、漫画で書かれているものが多くなった。

さらに、その内容の面白さという点も忘れてはならない。漫画をあまり読まない人たちの中には、漫画は子供の読み物だとか、内容が薄いと思っている人もいるが、実際は必ずしもそうではない。話の内容に作者の思想が表されている作品や、テーマや背景が

よく調査されていて、読者の知的好奇心を満足させることができる作品も少なくない。そして、読者はそのような作品を読んで、すぐれた映画や小説に出会った時と同じように、感動したり、共感したりするのである。

若い大人たちにとって、漫画は子どものころから身近な存在だった。そして、彼らが大人になった今、このような漫画の特徴は以前よりもずっと広く認識され、また支持されるようにもなっている。漫画は、これからも多くの人たちに読まれ続けていくだろう。

問題

(1) 次のa～dの中から、（イ）に入れるのに適当な接続詞を選びなさい。
　　a．しかし　　b．または　　c．そして　　d．だから

(2) 文中に「このような漫画の特徴」とあるが、作者は、漫画にはどのような特徴があると言っているか。簡潔に答えなさい。

(3) 次のa～dの中から、筆者の考えに最も近いものを一つ選びなさい。
　　a．電車の中で漫画を読むと外国人に変だと思われるので、やめたほうがよい。
　　b．現在漫画を読まない人も、これからは漫画を読むべきだ。
　　c．漫画には、大人が読んでも十分に楽しめるものもある。
　　d．今後は映画や小説よりも、漫画を読む人の数が増えていくに違いない。

最後に会話文と読解文を読み直して、_____を埋めなさい。

ユニット1　会話　　　　そちらの庭には入れません

ガイド：皆様、東大寺に＿＿＿＿＿＿。東大寺での見学時間は1時間＿＿＿＿＿＿。バスには2時までに＿＿＿＿＿＿。
高橋　：わあ、＿＿＿＿＿＿！　中学校の修学旅行以来だなあ。
王　　：ガイドさん、すみません、重いのでかばんを座席に＿＿＿＿＿＿。
ガイド：はい、＿＿＿＿＿＿。でも、貴重品だけは＿＿＿＿＿＿。
全員　：はい。
マリー：あのう、東大寺は前に来たことがあるので、一人で興福寺に行ってみたいんですけど…。

ガイド：すみませんが、＿＿＿＿…。
マリー：＿＿＿＿。

お坊さん：ちょっと、拝観の方はそちらの庭には＿＿＿＿。
マイク　：えっ、＿＿＿＿。＿＿＿＿。じゃあ、写真はかまいませんか。
お坊さん：いいえ、そこは「＿＿＿＿」ですよ。それから、飲食も＿＿＿＿。
マイク　：はーい。

王　　：ああ、これが鑑真和上が建てた唐招提寺か…。
高橋　：鑑真って、何度も遭難しそうになって、＿＿＿＿よね。
王　　：うん。ほんとに立派な方だなあ。
高橋　：そうよね。仏教や薬学、建築技術などを＿＿＿＿くださって…。日本人は＿＿＿＿。
王　　：ね、あの人に＿＿＿＿、ここで一緒に＿＿＿＿？
高橋　：そうね。
王　　：あのう、すみません、＿＿＿＿。
男性　：ええ、＿＿＿＿。じゃあ、＿＿＿＿よ。はい、＿＿＿＿！

ガイド：さあ、皆様、清水寺に＿＿＿＿。これからこちらのチケットを1枚ずつ＿＿＿＿。あちらのお土産屋さんでこれを＿＿＿＿と、お茶とお菓子が＿＿＿＿。＿＿＿＿。
全員　：はい。
チャリヤー：ねえねえ、マリーさん、清水寺の近くに＿＿＿＿神社があるそうよ。
マリー：本当？　じゃ、＿＿＿＿！
高橋　：＿＿＿＿！　私も！
王　　：ええっ？　高橋さーん！

ユニット2　読解　　　　京都の町並み

　京都は、794年に奈良の平城京から平安京に＿＿＿＿である。春夏秋冬、＿＿＿＿、修学旅行、家族旅行、一人旅、道連れの＿＿＿＿、そのときどきの＿＿＿＿。京都の町は、＿＿＿＿といわれるように、いつ、どこでも新しい＿＿＿＿がある。また、大きな通りはみな＿＿＿＿から、＿＿＿＿こともない。例えば、京都の住所に見られる　「上ル」は大通りを北へ、「下ル」は南へ、「西入ル」は通りの西側へ入っていくことである。東京で道を聞いて

も東西南北で答える人は_____。ところが、京都では誰でも東西南北の_____。そういえば、去年初めて行った中国の西安や北京でも、道を聞けば「往西走」「往南走」で、_____人はいなかった。

　長年都があった京都には、古いお寺や神社はもちろん町並みも_____が多い。これが_____理由である。京都だけではない。奈良でも金沢でも萩でも、町そのものが_____のである。確かに、東京の高層ビルを見て暮らす人々には、_____の時と言えるだろう。

　しかし、その一方で、古い町並みを保存することには、住民の側から_____あり、住民の_____が必要である。地域には_____ということも考えなければならないし、住民の_____。東京では_____ためであろうか、河川を埋め立てたり、上を覆ったりして高速道路を建設し、高層ビルを_____。_____、これも都市の一つの_____である。それに対して、京都は、町並みを保存するのに_____であった。古都保存法、町並み保存条例など多くの法律や条例を作り、観光資源たる古い京都を保存しようとしている。その京都にももちろん_____、コンクリート造りのモダンな建物が_____。京都の建物や庭園は確かにすばらしい、_____伝統に_____、というわけだ。保守的な私にしてみれば、_____は残念でならない。が、あの金閣寺でさえ当時の人の_____だった、ということを考えれば_____ということになる。

　言うまでもなく、平安京は大唐時代の長安の都_____町である。本家と言うべき中国の人は、京都に大陸文化とは_____を見るのか、伝統とモダンの_____を見るのか。それとも、はるか昔の長安の都に_____、_____のだろうか。

第6課　茶道体験

単語帳

ファックス　プリントアウト　ノートパソコン　ウイルス　コード　コンセント　スポット　ヨガ
学歴　未来　服装　職員　助手　一礼　四字　お点前　心構え　名産　茶碗
水屋　瓶　香り　趣き　苦しみ　お互い　やり直し　誤り　恥　泥　埃　汚れ　雑巾
くもり　熟語　成語　乾燥　集約　独立　応用　実行　対処　感染　駐車　包装
頂戴
面倒くさい　貴重　簡潔　不注意　清らか　あらかじめ　ごとく　いきなり　ハッと
もしかしたら　仲良く　恐らく
払う　味わう　間違う　和し合う　敬い合う　抜く　付く　嘆く　取りのぞく　くつろぐ
打つ　傷がつく　思い出す　離す　指す　入れる　取れる　換える　乗り遅れる
溢れる　着替える　直る　冷やす　冷える　当たる　こぼれる　誤る　切れる
ぶつける　引っ掛かる　抜ける　唱える　拭き取る　清める　動じる
お見えになる　鍵をかける　電話を切る　目に見える　恥をかく
和敬清寂　工夫茶　利休　裏千家　千宗室　福建省　長春　森山

文法リスト

～ばかりに＜消极性的原因＞　　　　N₁ならではのN₂＜特有的事物＞
～といってよい＜评价＞　　　　　　～なり（～なり）＜二者择一＞
～とすれば＜条件＞　　　　　　　　疑問詞＋～かというと＜设问＞
～ものだ＜事物的本质＞　　　　　　～けれども＜単純接续＞
Vねばならない＜义务＞　　　　　　Vるのだった＜后悔＞

第6課　茶道体験

I．文字・語彙・文法

1．次の漢字の読み方をひらがなで書きなさい。

(1) a．茶碗　　(2) a．唱える　　(3) a．趣味　　(4) a．破壊
　　b．茶道　　　　b．合唱　　　　　b．趣き　　　　b．壊れる

(5) a．味わう　(6) a．香り　　　(7) a．離す　　(8) a．恥ずかしい
　　b．賞味　　　　b．香水　　　　　b．距離　　　　b．恥

(9) a．水屋　　(10) a．直る　　(11) a．助手　　(12) a．稽古
　　b．水泳　　　　b．正直　　　　　b．手前　　　　b．古い

(13) a．誤る　(14) a．打つ　　(15) a．尊敬　　(16) a．冷やす
　　b．誤解　　　　b．打撃　　　　　b．敬う　　　　b．冷静

(1)	a		(2)	a		(3)	a		(4)	a
	b			b			b			b
(5)	a		(6)	a		(7)	a		(8)	a
	b			b			b			b
(9)	a		(10)	a		(11)	a		(12)	a
	b			b			b			b
(13)	a		(14)	a		(15)	a		(16)	a
	b			b			b			b

2．次の下線部のひらがなを漢字に直しなさい。

(1) 初めて社長にお会いするので、きんちょうしています。
(2) 履歴書はていねいに書いてください。
(3) 夏休みでもこきょうへ帰らずにアルバイトをする学生がいます。
(4) 中国からの留学生には、南方しゅっしんの人が多い。
(5) 北京の７月はかんそうしていて、「梅雨」はありません。
(6) わけいせいじゃくはお茶の精神だと言われています。

(7) セールスマンは商品を分かりやくかんけつに説明してくれた。
(8) 彼はうらせんけの家元から「宗栄」という茶名をもらいました。
(9) 子どものために、彼女はできることからやるこころがまえである。
(10) 彼には急激な変化にたいしょできる十分な経験がなかった。

(1)	(2)	(3)	(4)	(5)
(6)	(7)	(8)	(9)	(10)

3．次のa～dの中から最も適当なものを一つ選びなさい。

(1) 信ちゃん、手を_____はだめよ。迷子になってしまうから。
　　a．出して　　　　　　　　b．離して
　　c．伸ばして　　　　　　　d．放して

(2) もう一人のお客様がまだ_____。
　　a．来ていません　　　　　b．見ていません
　　c．お見えになっていません　d．お目にかかっていません

(3) オフィスに鍵を_____前に、コピー機の電源を_____のを忘れないでください。
　　a．かける／切る　　　　　b．つける／押す
　　c．かける／消す　　　　　d．つける／切れる

(4) 球場は野球ファンで_____いた。
　　a．現れて　　　　　　　　b．溢れて
　　c．憧れて　　　　　　　　d．離れて

(5) 大人になって、「夢がなくなったなあ」と_____人が多いのはなぜだろうか。
　　a．嘆く　　　　　　　　　b．呼ぶ
　　c．気づく　　　　　　　　d．息抜く

(6) ご家族やお友達と一緒に、自分の家のように_____ください。
　　a．清めて　　　　　　　　b．取り除いで
　　c．ぬけて　　　　　　　　d．くつろいで

(7) 弁当の汁が_____ようにいろいろ工夫した。
　　a．切れない　　　　　　　b．暴れない
　　c．こぼれない　　　　　　d．満ちない

(8) 夏の飲み物は、_____麦茶に限る。
　　a．ひえた　　　　　　　　b．かえた
　　c．となえた　　　　　　　d．あやまった

(9) 空港で税関の検査に_____、荷物を全部開けられた。
　　a．引き出して　　　　　b．引き受けて
　　c．引っ張って　　　　　d．引っかかって
(10) 学者には、日の_____ところで仕事をしているというイメージがある。
　　a．当らない　　　　　　b．とれない
　　c．つけない　　　　　　d．ぶつけない
(11) 留学中、いろいろ失敗したが、みないい勉強に_____。
　　a．得た　　　　　　　　b．した
　　c．できた　　　　　　　d．なった
(12) パソコンが_____に感染して、データが全て消えてしまった。
　　a．ウイルス　　　　　　b．コード
　　c．コンセント　　　　　d．スポット

4．次の□□□から適当な言葉を選んで文を完成させなさい。（同じ言葉は２回使わないこと）。

| a．ゆとり | b．ゆっくり | c．いきなり | d．いろいろ |
| e．あらかじめ | f．はっきり | g．そろそろ | h．ごとく |

(1) アリスは_____話してくれたので聞き取れた。
(2) 「光陰矢のごとし」、帰国して_____10年たつ。
(3) 教科書を作るために資料や辞書などを_____調べた。
(4) 小学校時代のことを、今でも_____覚えている。
(5) 後ろから_____肩をたたかれて、びっくりした。
(6) 今は旅行のシーズンですから、_____ホテルを予約しておいたほうがいいでしょう。
(7) 毎日忙しくて心の_____がない。
(8) いつもの_____、彼の考えはあまりに非現実的だった。

5．次のａ・ｂのうち正しいものを選びなさい。

(1) 道が込んでいるから車に { a．気をつけ / b．気がつい } てください。

(2) 駅は混雑していたので、すれ違った先生に { a．気をつけ / b．気がつか } なかった。

(3) どこでその古い切手を { a．見つけた / b．見つかった } のですか。

(4) 私の個性を生かせる仕事 { a．は見つから / b．を見つけ } なかった。

(5) バッグに旅行用品 { a．が入った後で / b．を入れた後で } 友達に電話をかけた。

(6) 旅行用品はバッグに全て { a．入れておいたが、 / b．入っていたが、 } 大事なパスポートを忘れた。

(7) 全員揃いましたね。では、会議 { a．を始め / b．が始まり } ましょう。

(8) 骨董品は傷 { a．がつくと / b．をなくすと } 価値が下がる。

6．次の（　）に適当な助詞を入れなさい。

(1) 退職してから、好きな書道（　）週2回楽しんでいます。
(2) 祖母はまだ60歳なのに、手足（　）不自由（　）どこへも行けない。
(3) 離婚のことは、家族（　）（　）友人（　）（　）話したくない。
(4) 忙しい時（　）（　）暇な時（　）（　）、週一回は必ずお茶の稽古に行っています。
(5) スポーツだけでなく、どんなこと（　）（　）努力が大切だ。
(6) 宇宙はどんなふうになっているの（　）誰（　）（　）分からない。
(7) 目（　）見えない何かが私たちの人生を描いている。
(8) 子供は身の回りのあらゆる物（　）興味（　）持ち、手（　）触ってみる。

(9) 子供の服（　）ついたインクがなかなか取れない。

(10) 「愛」はどんな時代（　）（　）最も大切なものです。

7．次の（　）の中の言葉を丁寧な言い方に直して、文を完成させなさい。

(1) お茶をお入れしますので、こちらの椅子に（座る）＿＿＿＿＿＿ください。

(2) 先生のご都合を（聞く）＿＿＿＿＿から皆さんに知らせます。

(3) 記念写真を撮りますので皆様、庭に（集まる）＿＿＿＿＿＿ください。

(4) 日本の首相の名前を（知る）＿＿＿＿＿＿か。

(5) 新しい先生は、来週、うちの大学に（来る）＿＿＿＿＿＿そうです。

(6) お好きな料理をご自由に（取る）＿＿＿＿＿＿＿ください。

8．次のa～dの語句を並べ替え、＿★＿に入る最もよいものを一つ選なさい。

(1) これは＿＿＿　＿★＿　＿＿＿　＿＿＿だと思います。
　　a．ならではの　　　　b．心遣い
　　c．細かい　　　　　　d．親

(2) 生活に困った時は、＿＿＿　＿＿＿　＿＿＿　＿★＿助けてもらいます。
　　a．なり　　　　　　　b．なりに
　　c．親　　　　　　　　d．親友

(3) 大学の先生になるならば、＿＿＿　＿＿＿　＿★＿　＿＿＿先生になりたい。
　　a．ような　　　　　　c．ある
　　b．田中先生の　　　　d．ユーモアの

(4) 自分の気持ちを＿＿＿　＿＿＿　＿＿＿　＿★＿。
　　a．難しい　　　　　　b．外国語で
　　c．ものだ　　　　　　d．伝えるのは

(5) 何が＿＿＿　＿＿＿　＿＿＿　＿★＿、日本の漫画やアニメです。
　　a．あるか　　　　　　b．というと
　　c．人気が　　　　　　d．若者に

(6) アルバイトはお金を稼ぐ＿★＿　＿＿＿　＿＿＿　＿＿＿なる。
　　a．だけではなく　　　b．社会勉強にも
　　c．実地の　　　　　　d．よい

(7) ＿＿＿　＿＿＿　＿＿＿　＿★＿、学生時代に戻りたい。
　　a．人生を　　　　　　b．やり直せる
　　c．もう一度　　　　　d．ならば

(8) 私が＿＿＿ ★ ＿＿＿ ＿＿＿しまった。
　　a．遅刻した　　　　　　b．みんなに
　　c．ばかりに　　　　　　d．迷惑をかけて

(9) 本学は一人一人の個性を＿＿＿ ★ ＿＿＿ ＿＿＿きた。
　　a．する　　　　　　　　b．大切に
　　c．実践して　　　　　　d．教育を

(10) こんなに大変な＿＿＿ ＿＿＿、＿＿＿ ★ 。
　　a．仕事　　　　　　　　b．なら
　　c．だった　　　　　　　d．断るの

9．次の中国語を日本語に訳しなさい。

（1）就因为当初没有听父母的建议才错过了留学的机会。

（2）我看到了只有中国才有的宏伟而古老的建筑长城。

（3）是就业还是继续读书，最好考虑好了再决定。

（4）假如去留学的话，起码要等到高中毕业以后再去。

（5）川端康成之所以那么有名，是因为他是诺贝尔奖获得者。

（6）人们大都认为失败是不好的，但它却是成功的基础。

（7）下周我们打算去郊游，老师您下周方便吗？

（8）有很多外地来京人员想在北京常驻，所以北京的地价大概还会涨吧。

（9）被大家误解真是后悔死了，还不如早说出实情呢。

（10）人心真是善变。

10. 次の文章を、中国語に訳しなさい。

　　かなのすべての字を、どれも一回ずつ使って意味のある文句にしたものが、平安時代にいくつかできた。その中で最も人々に親しまれてきたのが「いろは歌」、「いろはにほへとちりぬるを　わかよたれそつねならむうゐのおくやまけふこえてあさきゆめみしゑひもせす」である。

　　「色は匂へど散りぬるを、我が世誰ぞ常ならむ。有為（うゐ）の奥山今日越えて、浅き夢見じ、酔ひもせず」という47文字の歌で、「美しく咲く花もやがて散ってしまう。私たちの人生もいつまでも不変ではない。この当てにならない人生の山路を今日越えて行くのだ。浅い夢を見ていたり、酔っ払ったりしているように、ぼんやりとしていては、この世の本当の姿を知ることが出来ない。」といった意味の仏教の教えを述べたものである。のちに「ん」の字を加えて、「いろは四十八文字」となった。

　　この「いろは」は、明治、大正期まではよく使われ、辞書の見出し語もいろは順で並べたものがあった。今も劇場の座席などに、いろは順が残っていることがある。

Ⅱ. 听力

1. 録音を聴いて、正しい答えを一つ選びなさい。

　（1）次のa～dで、本文の内容と合っているものを一つ選びなさい。
　　　a．助詞の「が」がつくものを他動詞と言います。
　　　b．助詞の「を」がつくものを自動詞と言います。
　　　c．「ジュースをこぼす」、「電気を消す」は他動詞の文です。
　　　d．伊藤先生はノートの右に自動詞、左に他動詞を書きました。
　（2）次のa～dの漢字の説明の中で、正しいものを一つ選びなさい。
　　　a．「窓を空ける」の「あける」は、「そら」と読む漢字を使う。
　　　b．「夜が開ける」の「あける」は、「ひらく」と読む漢字を使う。
　　　c．「部屋を明ける」の「あける」は、「あかるい」と読む漢字を使う。

　　　　　d．「梅雨が明ける」の「あける」は、「あかるい」と読む漢字を使う。

2．録音を聴いて、内容と合っていれば○、間違っていれば×を書きなさい。

　　(1)
　　　　　(　　)　a．王さんは会社でいつも鬼山部長のお世話をしています。
　　　　　(　　)　b．鬼山部長は、よく自宅で王さんの話をします。
　　　　　(　　)　c．王さんは新しいお茶をお土産に持ってきました。
　　　　　(　　)　d．王さんがここに来たのは今年で二度目です。
　　(2)
　　　　　(　　)　a．今9月です。
　　　　　(　　)　b．フレックスタイム制では、勤務時間を自由に決められます。
　　　　　(　　)　c．王さんは以前インターネットオークションの国内企業にいました。
　　　　　(　　)　d．王さんは今の会社でもソフト開発の仕事をしています。

3．録音を聴いて、内容と合っていれば○、間違っていれば×を書きなさい。

　　　　　(　　)　(1)　たくさんのメールが来ましたが、ひとつも見ていません。
　　　　　(　　)　(2)　ウイルスに感染してパソコンが病気になってしまいました。
　　　　　(　　)　(3)　このパソコンのウイルス対策ソフトはとても高価なものです。
　　　　　(　　)　(4)　予備のパソコンがあるので、仕事は続けられます。

Ⅲ．阅读

次の文章を読んで後の問いに答えなさい。

　　あいさつ　東京都京華市・鈴木明子（主婦・65歳）

◇鈴木明子

「おはようございます」「行ってきます」「ただいま」「ピアノの練習します」「練習終わりました。ありがとうございました」「お風呂入ります」「お風呂出ました。お先にありがとうございました。おやすみなさい。じゃあまた明日ね」
　もうすぐ6歳になる孫娘の毎日のあいさつです。息子家族が2階に同居してくれて、ちょうど4年になります。4年前、2歳のころは恥ずかしそうに「おはようございます」をやっと言えた孫娘が、今はしっかりと、きちんとあいさつができるようになりま

した。
　同居といいましても、玄関と浴室が一緒で他の生活は全く別にしています。２階のトイレが使用中の時は、「トイレ、お借りします」「ありがとうございました」と。夫と私は思わず「なんてお利口なんでしょう」と思わずほほえんでしまいます。
　習い事に使うピアノは１階のリビングにあり、孫娘の叔母たちが弾いていたものを少し修理して使ってもらっています。
　「ありがとう」の時は必ず小さい頭を下げ、「行ってきます」の時は手を振ります。きっとママが教えてくれたのでしょう。
　あいさつは大事なこと。孫娘も上手に言えて、えらいですが、（　イ　）

京華新聞　2007年9月5日

問題

(1) 次のa～dの中で、文中の（　イ　）に入れるのに適当なものを一つ選びなさい。
　　a．きちんと教えてくれるママにも感謝です。
　　b．最近の若者はあいさつができません。
　　c．同居してくれた息子にも感謝しています。
　　d．あいさつより、もっと会話をしたいと思います。

(2) 筆者が息子夫婦と同居することに対してどう思っていますか。正しいものを一つ選びなさい。
　　a．玄関と浴室を共同で使うのは少し不便だ。
　　b．孫娘が明るく挨拶をしてくれるのでうれしい。
　　c．親子ならあいさつはとても大切なことだ。
　　d．自分だけ１階に住んでいるので、少し寂しい。

(3) 文章の内容と合っているものには〇を、合っていないものには×を書きなさい。
　　(　) a．孫娘は２歳のときからしっかり挨拶ができた。
　　(　) b．筆者は１階に住んでいるが、２階の浴室を使っている。
　　(　) c．筆者と息子夫婦は晩ご飯を一緒に食べる。
　　(　) d．孫娘の使っているピアノは筆者の娘のものだった。
　　(　) e．孫娘はいつも１階のトイレを使う。

最後に会話文と読解文を読み直して、_____を埋めなさい。

ユニット1会話　　　　割っちゃった！

劉　　：ごめんください。あの、東西大学の留学生で劉_____が、森山先生の茶道教
　　　　室は_____。
助手　：あ、東西大学の学生さんですね。はい、こちらです。どうぞ_____。先生は
　　　　茶室のほうで_____。（茶室の入り口で）_____。先生、東西大学の学生さ
　　　　んたちが_____。
先生　：はい、_____。
助手　：はい。お入りください。
劉・王：_____。
先生　：どうぞ_____。_____。_____、森山でございます。（一礼）
劉　　：劉芳と申します。どうぞよろしくお願いします。（一礼）
王　　：王宇翔です。（一礼）茶道は_____、_____。
先生　：そうですか。きょうは、ゆっくり_____。
劉・王：_____。
助手　：中国にも茶道があると_____…。
劉　　：はい、工夫茶と言って、丁寧にお茶を入れて、_____ものがあります。
先生　：ああ、あの_____お茶のことですね。
劉　　：はい。中国ではお茶の種類が大変多く、それによって_____…。
先生　：なかなか_____ですね。
劉　　：いえ、あのう、私は福建省の出身で…。故郷では_____いろいろなお茶を楽
　　　　しむ習慣があるものですから…。
先生　：そう。それは_____。王さんのご出身は？
王　　：私は長春の出身です。北のほうなので、お茶は取れませんが、_____ので、
　　　　みんなよくお茶を飲むんです。
先生　：まあ、そうですか。では_____を始めましょうか。
劉　　：はい、_____！
助手　：ではこちらへ…（水屋へ行く）こちらのお茶碗を並べてください。
劉　　：はい。
王　　：あ、劉さん、私が…あっ！！（ガチャーン）
劉　　：どうしよう！

王　：＿＿＿＿！
助手：先生、ちょっと＿＿＿＿…。
先生：どうしたの…あらあら、＿＿＿＿…。
王　：本当に＿＿＿＿。
劉　：私が＿＿＿＿…。
王　：いえ、＿＿＿＿んです…。
先生：王さん、＿＿＿＿よ。茶碗というのは、＿＿＿＿ものなんですから。
王　：でも…。
先生：それにね、＿＿＿＿を知っておくのも勉強ですから。
劉　：そうでしょうか…。
先生：さあ、こちらのお茶碗に換えて、もう一度お願いしますね。
王　：はい…＿＿＿＿。本当にすみません。

（茶道体験が終わって）

劉　：きょうは本当にありがとうございました。日本の茶道＿＿＿＿ことができました。
王　：大切なお茶碗を＿＿＿＿、ほんとうに＿＿＿＿。でも、＿＿＿＿。
先生：＿＿＿＿。またどうぞいらっしゃい。
助手：先生、私もよい勉強になりました。これからはお茶碗を割っても、あまり＿＿＿＿にいたします。
先生：うーん、それはちょっと…。（皆笑う）

ユニット２読解　　　和敬清寂

千宗室

　お茶の精神と言えば、利休の＿＿＿＿という四字の中に＿＿＿＿といってよいでしょう。この四字を簡単に説明すれば次のようになります。

　まず、「和」、これは＿＿＿＿、＿＿＿＿ということです。次の「敬」は尊敬するの「敬」であって、これはお互い同士が＿＿＿＿という意味です。次の「清」、これはよく「静」と＿＿＿＿て書く人がいますが、これは誤りで「清」と書くのが正しいのですけれども、読んで＿＿＿＿、＿＿＿＿という意味です。それも＿＿＿＿だけの清らかさではなくて、＿＿＿＿ということを意味しています。あなたがたは、運動場などで＿＿＿＿などをやっていて、シャツやズボンを＿＿＿＿てしまうことがよくあるでしょう。そういう服装についた泥や埃は、＿＿＿＿ので、その泥や埃を＿＿＿＿なりまた雑巾で＿＿＿＿こともできます。しかしながら、顔や髪の毛についた埃は＿＿＿＿。おそらく、服や手についた埃と同じように＿＿＿＿のでしょうが、＿＿＿＿ためにあまり＿＿＿＿ように思うだけ

なのです。このように＿＿＿ものはすぐわかりますが、心の中などはっきり＿＿＿部分は、どんなに＿＿＿わかりません。心の汚れは、＿＿＿ということができないのです。

それでは、この心の汚れや＿＿＿ためにはどうしたらよいのでしょうか。私たちは、その手段を＿＿＿。それは清める＿＿＿。自分自身で、自分の力で、自分の気持ちを＿＿＿という心が一番大切なのです。このような＿＿＿があなたにあるとすれば、それは非常に幸せであると＿＿＿。

最後の「寂」はどういう意味であるか＿＿＿、これは＿＿＿動じない心であるといえます。誰にも私たちの＿＿＿ことはできないのですから、どんな事態になったときでも、それに＿＿＿心をもたなければなりません。例をあげると、あなたがたはよく教室で先生から＿＿＿、ハッとすることがあったでしょう。そのときになって、「ああ、予習を＿＿＿」と嘆いてももう遅いのです。そのように＿＿＿ため、失敗をしないために、＿＿＿予習をしておく、つまり＿＿＿ということが「寂」であると＿＿＿と思います。

このような「和敬清寂」というものを、あなた方が＿＿＿ときに思い出し、考える。考えるだけではなくて、それを実際にあなた方が＿＿＿ときでも、またお客さんになったときでも、それを応用しよう、実行しようという＿＿＿をもつということが大事なことなのです。

千宗室 『裏千家茶道教科』巻一より

実力テスト３

1．次の(1)〜(10)の漢字の読み方を、ひらがなで書きなさい。

　　(1) ①合唱(　　　　) ②唱える(　　　　)
　　(2) ①支配(　　　　) ②配る(　　　　)
　　(3) ①占領(　　　　) ②占う(　　　　)
　　(4) ①汚染(　　　　) ②汚れ(　　　　)
　　(5) ①構成(　　　　) ②構える(　　　　)
　　(6) ①効果(　　　　) ②効く(　　　　)
　　(7) ①趣(　　　　) ②趣旨(　　　　)
　　(8) ①敬う(　　　　) ②表敬(　　　　)
　　(9) ①誤解(　　　　) ②誤り(　　　　)
　　(10) ①直接(　　　　) ②正直(　　　　)
　　　　③直ちに(　　　　) ④直る(　　　　)

2．次の下線部のひらがなを漢字に直しなさい。

　　(1) 彼女は結婚式のとうじつに病気になってしまった。
　　(2) 最近の人たちは、隣人との付き合いがひょうめん的になりがちだ。
　　(3) この論のけってんは、文化の違いを無視していることだ。
　　(4) 火災報知器の音を聞いて、あわてて飛び出した。
　　(5) この技術はすでに日常生活におうようされている。
　　(6) これを言いかえれば「問題意識が明確である」ということになる。
　　(7) 今朝の杭州は厚い雲におおわれている。
　　(8) いまさらなげいてもしかたがない。
　　(9) 中国の四大白酒「汾酒」のきよらかな香りにうっとりする。
　　(10) いやしとは心身ともにくつろいだ状態にすることです。

(1)	(2)	(3)	(4)	(5)
(6)	(7)	(8)	(9)	(10)

3．次の下線部のひらがなを漢字に直しなさい。
　　(1) ａ．わたしは抗生物質にかびんな体質だ。
　　　　ｂ．部屋に大きなかびんが飾られている。

(2) a．長江は内陸水運のかんせんとなっている。
　　b．パソコンがウイルスにかんせんした。
(3) a．ほけん室でけがの治療をしてもらった。
　　　　b．万が一を考えて、地震ほけんに入ろうと思っています。
(4) a．寒さで手足のかんかくがなくなりそうだ。
　　b．電車は10分かんかくで発車する。
(5) a．学長は新しい大学のこうそうについて講演した。
　　b．都心で超こうそうビルの建設が相次いでいる。
(6) a．新しくできたホテルは、山のけいかんを損ねている。
　　b．事件の現場には10人のけいかんがいた。
(7) a．降った雨水が直接かせんに流れ込む。
　　b．重要な部分にかせんを引く。
　　c．かせんの服なので静電気が起こりやすい。
(8) a．中国語には、四文字から成る「せいご」が沢山ある。
　　b．せいご１ヶ月の子犬をもらった。
　　c．パンフレットの訂正するところをせいご表で確認する。
(9) a．それを期待することじたいが間違っている。
　　b．緊急のじたいが発生した。
　　c．キムタクが日本アカデミー賞優秀主演男優賞の受賞をじたいした。
(10) a．北京の冬はとてもかんそうしている。
　　 b．かんそうをお聞かせください。
　　 c．素晴らしいタイムで北京マラソンをかんそうした。
　　 d．留学生のかんそうパーティーが開かれた。

(1)	a		(2)	a		(3)	a
	b			b			b
(4)	a		(5)	a		(6)	a
	b			b			b
(7)	a		(8)	a		(9)	a
	b			b			b
	c			c			c
(10)	a	b		c		d	

4．次のa～dの中から最も適当なものを一つ選びなさい。

(1) 他人のものを壊してしまったときには＿＿＿＿＿しなければならない。
　　a．弁償　　　　　　　　　　b．返却
　　c．売却　　　　　　　　　　d．償金

(2) 西洋料理のレストランで恥を＿＿＿＿＿ように、テーブルマナーを勉強した。
　　a．ださない　　　　　　　　b．かさない
　　c．ならない　　　　　　　　d．かかない

(3) 栄養のバランスにも気を＿＿＿＿＿ようにしましょう。
　　a．わける　　　　　　　　　b．くばる
　　c．たしかめる　　　　　　　d．はせる

(4) 熱があるのに無理をすると体に＿＿＿＿＿。
　　a．たおす　　　　　　　　　b．さわる
　　c．のこす　　　　　　　　　d．はこぶ

(5) 寺めぐりをしながら昔を＿＿＿＿＿。
　　a．しめる　　　　　　　　　b．のこる
　　c．しのぶ　　　　　　　　　d．はせる

(6) 精密機器の取り扱いには特別な注意を＿＿＿＿＿べきだ。
　　a．すすむ　　　　　　　　　b．はらう
　　c．といかける　　　　　　　d．はりきる

(7) そんな完璧な人は＿＿＿＿＿いないだろう。
　　a．あくまで　　　　　　　　b．いかにも
　　c．わざわざ　　　　　　　　d．まず

(8) 強盗は＿＿＿＿＿ナイフを取り出した。
　　a．いやいや　　　　　　　　b．ますます
　　c．ふと　　　　　　　　　　d．いきなり

(9) あの画家は＿＿＿＿＿中国のピカソだ。
　　a．まさに　　　　　　　　　b．きちんと
　　c．もっとも　　　　　　　　d．いずれ

(10) 今は無理でもいずれは＿＿＿＿＿のある生活がしたい。
　　a．ゆたか　　　　　　　　　b．ゆとり
　　c．のんびり　　　　　　　　d．きよう

5．次のa～dの中から最も適当なものを一つ選びなさい。

(1) 会議の場所を聞いた＿＿＿＿＿、手伝いを頼まれてしまった。
　　a．ばかりに　　　　　　　　b．ところに

　　　　　c．とおりに　　　　　　　　　d．だけに
(2) 日本の夏_____花火見物に、ゆかたを着て行ってみませんか。
　　　　　a．にかけての　　　　　　　b．についての
　　　　　c．ならではの　　　　　　　d．にともなう
(3) 退会した_____、時々メールが届く。
　　　　　a．からには　　　　　　　　b．ものでも
　　　　　c．ことには　　　　　　　　d．にもかかわらず
(4) 最近日本では、男女_____、喫煙者は減っている。
　　　　　a．を問わず　　　　　　　　b．にとどまらず
　　　　　c．にしろ　　　　　　　　　d．どころか
(5) 勝負はボールの_____、どっちに転ぶか分からないことを思い知らされた試合だった。
　　　　　a．きり　　　　　　　　　　b．まま
　　　　　c．ごとく　　　　　　　　　d．らしく
(6) もうあなたにあげたのだから、煮る_____焼く_____、好きにしなさい。
　　　　　a．や、や　　　　　　　　　b．なり、なり
　　　　　c．から、から　　　　　　　d．と、と
(7) 徹底して節約し、生活レベルを下げて_____その車がほしいのですか。
　　　　　a．こそが　　　　　　　　　b．ばかりか
　　　　　c．からも　　　　　　　　　d．までして
(8) 面接の結果は_____、たいへんいい経験になった。
　　　　　a．あいにく　　　　　　　　b．あくまで
　　　　　c．ともかく　　　　　　　　d．なにしろ
(9) 仮名は音だけを表す_____、漢字は意味も表しています。
　　　　　a．のに対して　　　　　　　b．のによって
　　　　　c．のにとって　　　　　　　d．のに加えて
(10) 携帯電話がいつも手元にないと不安_____。
　　　　　a．にすぎない　　　　　　　b．でならない
　　　　　c．しきれない　　　　　　　d．どころではない

6．次の中国語を日本語に訳しなさい。
(1) A：哎呀，你把咖啡弄洒了？
　　　B：嗯，对不起。手一动把纸杯碰倒了。

(2) 得谢谢佐藤。

（3）部长，麻烦您快一点好吗!

（4）因为是一年一度的节日，整个小镇都充满了活力。

（5）钱的事另当别论，现在能做自己喜欢的工作就是一种幸福。

（6）不能因为下雨了就取消约会。

（7）调查结果表明，东大的学生也担心、害怕自己会成为"自由职业者"。

（8）就因为没有考虑将来的事而选择了这份工作，现在净吃苦。

（9）如果人生有一个重置键的话，你想从什么时候开始重来。

（10）若问5000万日元是什么概念，就是月租5万日元的房子可以住1000个月，也就是83年。

7．次の日本語を中国語に訳しなさい。

良識派

安部公房

　昔は、ニワトリたちもまだ、自由だった。自由ではあったが、しかし原始的でもあった。絶えずネコやイタチの危険におびえ、しばしばエサを探しに遠征したりしなければならなかった。ある日そこに人間がやってきて、しっかりした金網つきの家を建ててやろうと申し出た。むろんニワトリたちは本能的に警戒した。すると人間は笑って言った。見なさい、私にはネコのようなツメもなければ、イタチのようなキバもない。こんなに平和的な私を恐れるなど、まったく理屈にあわないことだ。そう言われてみると、たしかにそのとおりである。決心しかねて、迷っているあいだに、人間はどんどんニワトリ小屋を建ててしまった。

ドアにはカギがかかっていた。いちいち人間の手を借りなくては、出入りも自由にはできないのだ。こんなところにはとても住めないとニワトリたちが言うのを聞いて、人間は笑って答えた。諸君が自由に開けられるようなドアなら、ネコにだって自由に開けられることだろう。なにも危険な外に、わざわざ出ていく必要もあるまい。エサのことなら私が毎日運んできて、エサ箱をいつもいっぱいにしておいてあげることにしよう。

一羽のニワトリが首をかしげ、どうも話がうますぎる、人間はわれわれの卵を盗み、殺して肉屋に売るつもりではないだろうか？　とんでもない、と人間は強い調子で答えた。私の誠意を信じてほしい。それよりも、そういう君こそ、ネコから金をもらったスパイではないのかね。

これはニワトリたちの頭には少々難しすぎる問題だった。スパイの疑いを受けたニワトリは、そうであることが立証できないように、そうでないこともまた立証できなかったので、とうとう仲間はずれにされてしまった。けっきょく、人間があれほどいうのだから、一応は受け入れてみよう、もし工合がわるければ話し合いで改めていけばよいという、良識派が勝ちをしめ、ニワトリたちは自らオリの中に入っていったのである。

その後のことは、もうだれもが知っているとおりのことだ。

8．作文

セイコー株式会社は、2006年に成人式を迎える新成人の男女517名を対象に、「時間が短い」と感じたときについてのアンケート調査を実施しました。その結果は下記のとおりです。

では、あなたに質問しますが、あなたが今年いちばん「時間が短い」と感じたのは、何をしていたときですか。それはなぜですか。あなたが今年いちばん「時間が短い」と感じたときについての作文を書きなさい。

ただし、下記のアンケート結果は参考にするために載せたので、この項目や結果にとらわれる必要はありません。

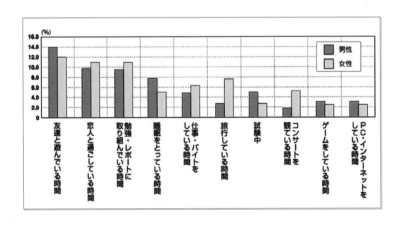

第7課　異文化理解

単語帳

ホストファミリー　ソフト　ムスリム　タブー　エッセイ
表情　誠意　本来　口調　法則　道具　水道　体力　度胸　日頃　機能　近所
談話室　大家　家庭教師　少女　消費者　朝市　お返し　お気に入り　重み
異国　何事　出世払い　紀行　行き先　空席　列車　専門用語　思い出話
失敗談　片言　球拾い　手触り　いじめ　紫外線　組　極　ふう　興　きり　四声
記号　尻上がり　平ら　早口　向かい
達成　企画　登場　負担　投資　錯覚　恐縮　催促　沈黙　満足　納得　出世
摩擦　反論　やり取り　上げ下げ　お世辞　物々交換
ものすごい　きつい　温かい　必死　十分　無責任　不運　高価　同様　生意気
原始的　あんまり　いつまでも　もっとも　ちっとも　決して　あるいは　あらためて
しょせん　たかが　いらいら　にこにこ　たまたま　つくづく　しばしば　みるみる　スーッ
としばし　実に　一定　ほんの
言い争う　基づく　傷つく　振り向く　解す　ごまかす　繰り返す　載る　盛り上がる
食べきる　飽きる　用いる　作りあげる　相成る　化する　見受ける　聞きとる　そそる
こわばる　にらむ　殴る　蹴る　告げる　発する　流れる　崩れる　通る　気がある
気をよくする　声をかける　目が合う　口を利く　身を置く　きりがない　興をそそる
俵万智　よつ葉　河出書房新社　書房

文法リスト

～くせに＜转折＞　　　　　　　　　　　～っぱなし＜放任＞
Nをもって＜手段、方式＞　　　　　　　N／Vがちだ＜容易出現的現象＞
Nじゃあるまいし＜否定性原因＞　　　　Vずにはいられない＜不由自主＞
Vきる／きれる／きれない＜动作彻底与否＞　～ものだ＜回顧；感嘆＞
とても～ない＜否定可能性＞　　　　　　Vようがない／ようもない＜无法＞
Vてこそ＜凸显＞

Ⅰ．文字・語彙・文法

1．次の下線部の漢字の読み方をひらがなで書きなさい。

（1）最近ネット上で、物々交換が盛んになっている。
（2）では、お言葉に甘えて遠慮なくいただきます。
（3）彼女は生意気にも、私の提案を批判した。
（4）手続きの手数料は個人で負担する。
（5）お忙しいところ恐縮ですが、よろしくお願い致します。
（6）手品はすべて目の錯覚を利用している。
（7）家賃の支払いが遅れて大家さんに怒られた。
（8）彼の沈黙は、事実上罪を認めたことになる。
（9）僕の片言の英語でもなんとか通じたのでほっとしました。
（10）朝市で産地直送の野菜や果物を買うことができる。

(1)	(2)	(3)	(4)	(5)
(6)	(7)	(8)	(9)	(10)

2．次の下線部のひらがなを漢字に直しなさい。

（1）あの子はあいきょうがあってとてもかわいい。
（2）彼には、相手がどんな人間であろうと立ち向かうどきょうがある。
（3）こんな忙しい時期にやめるなんて、君はむせきにんだ。
（4）メールの返事がなかなか来ないと、さいそくしたくなる。
（5）異文化交流では、行動様式の違いでまさつが起こる場合もある。
（6）妥協するにしても、この案ではなっとくできない。
（7）彼はおせじのうまい人だ。
（8）彼は自分の名声と家族の安全を守ろうとひっしだった。
（9）じゅんび不足で大会はうまくいかなかった。
（10）その目標のたっせいには、相互の協力が不可欠である。

(1)	(2)	(3)	(4)	(5)
(6)	(7)	(8)	(9)	(10)

第7課　異文化理解

3．次の説明に合致する言葉を、a～dから一つ選びなさい。

(1) 相手を敬い自分を低くすること。
　　a．謙遜　　　　　　　　　b．遠慮
　　c．恐縮　　　　　　　　　d．敬語

(2) 同じことを何回もする。
　　a．復習する　　　　　　　b．繰り返す
　　c．言い返す　　　　　　　d．取り返す

(3) 気持ちや物事の勢いが高まってくる。
　　a．大盛り　　　　　　　　b．花盛り
　　c．盛り込む　　　　　　　d．盛り上がる

(4) 一般に、触れることを禁じられていること。
　　a．タブー　　　　　　　　b．ダブリ
　　c．ゴール　　　　　　　　d．ステージ

(5) 多すぎたり、同じことが長く続いたりして、いやになる。
　　a．あきる　　　　　　　　b．あきれる
　　c．おきる　　　　　　　　d．いきる

(6) 物や言葉を取り交わすこと。
　　a．しり取り　　　　　　　b．やり取り
　　c．きき取り　　　　　　　d．きげん取り

(7) 本心などを見破られないようにその場を取りつくろう。
　　a．のこす　　　　　　　　b．よごす
　　c．ごまかす　　　　　　　d．ちらかす

(8) 口げんかする。口論する。
　　a．言い落す　　　　　　　b．言い表す
　　c．言い交わす　　　　　　d．言い争う

(9) 整っていた形や状態が乱れる。
　　a．壊れる　　　　　　　　b．疲れる
　　c．崩れる　　　　　　　　d．倒れる

(10) 顔を後ろへ向けてみる。また、注意を向ける。
　　a．振り向く　　　　　　　b．振り回す
　　c．振舞う　　　　　　　　d．振り込む

4．次の□から言葉を選らび、適当な形に直して文を完成させなさい。（同じ言葉は2回使わないこと）。

| 気がない　気がある　気になる　声をかける |
| 口を利く　きりがない　目が合う　身を置く |

(1) 彼がぜんぜん準備をしていないところをみると、試験を受ける＿＿＿＿らしい。
(2) ＿＿＿＿子に熱い視線を送っているのに、ちっとも気づいてくれない。
(3) あの子は弟に＿＿＿＿みたい。毎日メールを送っている。
(4) 旅行中、バスに乗り合わせた欧米人から＿＿＿＿どぎまぎしてしまった。
(5) 授業中に好きな彼と、ふいに＿＿＿＿しまって慌ててそらした。
(6) 彼女は機嫌が悪く、一日中＿＿＿＿くれなかった。
(7) 語学の習得には留学先の国へ行ってその環境に＿＿＿＿ことが重要だ。
(8) 中日両言語における同形同義語はたくさんあり、数え挙げれば＿＿＿＿。

5．次の□から適当な言葉を選んで文を完成させなさい（同じ言葉は2回使わないこと）

a. いらいら	b. たまたま	c. にこにこ
d. つくづく	e. みるみる	f. わざわざ
g. しょせん	h. せっかく	i. しばしば

(1) 「笑う門には福来る」。このことわざは、「明るく＿＿＿＿している人には、自然と幸福が訪れる」という意味です。
(2) 渋滞で＿＿＿＿して、大勢の運転手は繰り返しクラクションを鳴らした。
(3) 温めた牛乳にお酢を入れると、＿＿＿＿固まってきた。
(4) 他人の評価は、＿＿＿＿他人の意見だ。重要なのは自分自身だ。
(5) ＿＿＿＿中華街に来たのだから、おいしい料理を食べないと意味がないわよ。
(6) 日本に来てから中国のことをいろいろ聞かれることが多いので、もっと中国のことを勉強しておけばよかったと＿＿＿＿思います。
(7) そんなに遠い所から＿＿＿＿来なくてもよかったのに。
(8) 異文化間の摩擦は、言葉以外の理由でも＿＿＿＿起こる。
(9) ずっとあのカメラがほしかったが、高くてなかなか手が出なかった。今日＿＿＿＿店の前を通りかかったらバーゲンだったので、すぐ買った。

6．次の（　）に適当な助詞を入れなさい。

(1) 資料の翻訳は、李さんだけでなく王さん（　）（　）お願いしました。
(2) 大学時代に数え切れない（　）（　）いい思い出（　）作った。
(3) 一度（　）会ったことがない（　）（　）、結婚……。
(4) 外来語が覚えにくいということ（　）（　）共感します。
(5) 日本で中国人仲間（　）（　）と交流するのは、言葉の勉強（　）よくない。
(6) あの作家の小説は心理描写（　）長けている。
(7) のどが痛くて水（　）（　）（　）飲めない。
(8) 異文化（　）（　）理解（　）深めるために留学した。

7．次の（　）の中の言葉を適当な形に直して、文を完成させなさい。

(1) 料理が多すぎて（食べる）_____きれず、半分以上が残った。
(2) お正月に新幹線で帰省するとき、指定席も自由席も満席で、ずっと（立つ）_____ぱなしだった。
(3) 子供が遊んでばかりいると、「勉強しなさい」と（言う）_____ずにはいられない。子供の将来を（心配する）_____にはいられないからだ。
(4) 父はこの薬の効き目を村の人に（信じる）_____ために、必死に説得した。
(5) （大学生）_____くせにこの漢字も読めないなんて信じられない。
(6) 窓を（閉めない）_____に寝てしまったので風邪を引いっちゃった。
(7) 終わったことは後悔してもどう（する）_____もない。

8．次のa～dの中から最も適当なものを一つ選びなさい。

(1) 初心者にはこの作業は_____きびしいようだ。
　　a．とうにか　　　　b．どうか
　　c．どうも　　　　　d．どうして
(2) いくら息子のためとはいえ、大金を使って入学させるなんて、愚か_____。
　　a．とだけ言える　　b．としか言いようがない
　　c．とのみ言うべきだ　d．とでも言うべきだ
(3) 自分のやったことに責任が取れるように_____、一人前の社会人だ。
　　a．なっては　　　　b．なりつつも
　　c．なるにつれ　　　d．なってこそ

(4) 安いからといってすぐ飛び付いたら、＿＿＿＿。
　　a．かなり得になるだろう　　b．かえって損をすることもある
　　c．必ずしも損ではない　　　d．損にも得にもならない

(5) 子どもの頃、よく泥まみれになって弟とけんかをした＿＿＿＿。
　　a．ものだ　　　　　　　　　b．ものの
　　c．ことか　　　　　　　　　d．ものか

(6) 彼女を心から愛していたんだから、あきらめろと言われたって＿＿＿＿よ。
　　a．あきらめきれない　　　　b．あきらめざるを得ない
　　c．あきらめかねない　　　　d．あきらめられる

(7) 子供がテレビばかり見ていると、つい「勉強しなさい」と＿＿＿＿。
　　a．言うものではない　　　　b．言うべきではない
　　c．言わずにはおかない　　　d．言わずにはいられない

(8) 日本にいる間、アパート探しから仕事のことまで、山本さんにはお世話になり＿＿＿＿でした。
　　a．きり　　　　　　　　　　b．っぱなし
　　c．つづき　　　　　　　　　d．ばかり

(9) できない＿＿＿＿そんな難しい仕事を引き受けて、一体どうするの。
　　a．けれど　　　　　　　　　b．からには
　　c．とはいえ　　　　　　　　d．くせに

(10) これは＿＿＿＿「仮に」の話だけれども、もし社長をやってくれと言われたらどうしますか。
　　a．いったい　　　　　　　　b．たいていは
　　c．あくまでも　　　　　　　d．なぜなら

9．次のa～dの語句を並べ替え、＿＿★＿＿に入る最もよいものを一つ選なさい。

(1) 母は＿＿＿＿　＿＿＿＿　＿＿＿＿　＿★＿だった。
　　a．ずっと　　　　　　　　　b．間
　　c．泣きっぱなし　　　　　　d．映画を見ている

(2) 小さい子供が＿＿＿＿　＿＿＿＿　＿★＿　＿＿＿＿と、笑わずにいられない。
　　a．父親の　　　　　　　　　b．見ている
　　c．歩いているのを　　　　　d．まねをして

(3) 村上春樹の＿＿＿＿　＿＿＿＿。　＿★＿　＿＿＿＿ですが。
　　a．ことはある　　　　　　　b．小説を読んだ
　　c．中国語訳の本　　　　　　d．もっとも

(4) ＿＿＿ ★ ＿＿＿ ＿＿＿ことがたくさんある。
　　a．解明　　　　　　　　b．現代の科学を
　　c．できない　　　　　　d．もってしても

(5) 普段、私達は家族や＿＿＿ ＿＿＿ ＿＿＿ ★ です。
　　a．忘れがち　　　　　　b．感謝の気持ちを
　　c．方々への　　　　　　d．周囲の

(6) 外国語は＿＿＿ ＿＿＿ ★ ＿＿＿。
　　a．声に　　　　　　　　b．上達する
　　c．話してこそ　　　　　d．出して

(7) 彼が＿＿＿ ＿＿＿ ＿＿＿ ★ 私には理解できない。
　　a．そんなことをした　　b．とても
　　c．なぜ　　　　　　　　d．のか

(8) 地震のような＿＿＿ ＿＿＿ ＿＿＿ ★ がない。
　　a．人間の　　　　　　　b．防ぎよう
　　c．力では　　　　　　　d．自然災害は

(9) ＿＿＿ ＿＿＿ ★ ＿＿＿ まずいと言えるんですか。
　　a．くせに　　　　　　　b．どうして
　　c．こともない　　　　　d．食べた

(10) この事件は＿＿＿ ＿＿＿ ★ ＿＿＿私に文句ばかり言うのですか。
　　a．関係がある　　　　　b．どうして
　　c．わけではないのに　　d．私に

(11) 仕事が＿＿＿ ＿＿＿ ＿＿＿ ★ 。
　　a．やりきれない　　　　b．までに
　　c．明日　　　　　　　　d．多すぎて

Ⅱ．听力

1．録音を聴いて、正しい答えを一つ選びなさい。

　　(1)＿＿＿　(2)＿＿＿　(3)＿＿＿

2．録音を聴いて、内容と合っていれば○、間違っていれば×を書きなさい。

　　(　　) (1) 慎吾君は円錐の体積の問題を解いています。

(　) （2）慎吾君は公式の高さの部分を間違えていました。
(　) （3）答えは942です。
(　) （4）答えは94．2です。

Ⅲ．阅读

次の文章を読んで後の問いに答えなさい。

あるヒヤリングの問題を解いているときのこと。男女2人の会話を聞いて答えを選ぶタイプの問題だった。会話は次の通り。「(女)ねぇねぇ今日カラオケに行かない？／(男)うーん、こないだ遊びすぎちゃって、実は余裕ないんだ。」

問題は、「男の人はどうしてカラオケに行かないのですか。」そして、4つの選択肢から「お金がないからです」という正解を選ぶ。

そこで学生から、次のような質問が出た。「どうしてこの女の人は男の人の分までカラオケのお金を払ってあげないのですか。わたしの国では、友だちがお金を持っていなければ、その人の分も出してあげます。」ここで、ヒヤリングの授業が、異文化理解の授業に変わってしまった。

日本人の「ワリカン文化」は、外国人留学生にとって、ときに奇妙に感じられることの一つである。日本人の学生と交流したり、アルバイトをしたりした体験を通して、日本人の「ワリカン文化」に驚く外国人留学生は少なくない。

日本人はどのような気持ちでワリカンをするのだろうか。他人のお金なんて出したくない、自分が食べたり使ったりした分だけを出せばいいという（　イ　）考えからだろうか。（　ロ　）。実際に、レストランや喫茶店のレジの前で、「わたしが出します。」「いや、わたしが。」と言い合う人の姿をあちこちで見かける。これは「相手に払わせてはいけない。」「自分が負担しなければ。」という気持ちから、お金を自分で出すと主張し合う日本人の姿である。

しかしこのような「主張」、「気遣い」が疲れることは言うまでもない。そこで、良好な人間関係を長く続けるには「気を遣わないこと」が一番だという考えから、「ワリカン文化」は広がっていったのではないだろうか。一見、冷たく、けちに見えるワリカンの習慣も、実は日本人の和の心につながっているのかもしれない。

問題

(1) 次のa〜dの中から、（　イ　）に入れるのに最も適当なものを選びなさい。
　　a．根本的な　　b．批判的な　　c．社交的な　　d．個人主義的な

(2) 次のa～dの中から、（ ロ ）に入れるのに最も適当なものを選びなさい。
　　a．きっと、そうなのであろう。
　　b．こうではないのではないか。
　　c．いや、決してそうではないだろう。
　　d．きっとそうに違いない。
(3) 日本人の和の心について述べた次のa～dの中で、正しいものを一つ選びなさい。
　　a．自分が食べたり使ったりしたお金だけを払えばいいという、自分を一番大切にする心。
　　b．人からケチだと思われたり、言われたりすることを避けようとする心。
　　c．自分の都合をあまり言わないで、他者に気を遣い、平和に暮らしていこうとする心。
　　d．ワリカンという新しい方法をすぐに試してみる好奇心。

最後に会話文と読解文を読み直して、_____を埋めなさい。

ユニット1会話　　　　ギョーザにりんご !?

チャリヤー：あれ、劉さん。どうしたの？
劉　　　　：これね、大家さんからもらっちゃったんだけど…。
チャリヤー：_____？
劉　　　　：_____ね、ギョーザ、たくさん作ったから、大家さんにも持っていったんだけど…。
チャリヤー：うん、うん。
劉　　　　：そしたら、大家さん、「_____」って…。
朴　　　　：_____？
劉　　　　：うん。まだギョーザ、食べてもいないのに、_____…。物々交換じゃあるまいし。
王　　　　：ギョーザ作るの、大変なのにね。
劉　　　　：_____？_____、知り合いが送ってきたりんごがあるから、持ってって、_____…。
朴　　　　：それじゃあ、なんだか_____。
チャリヤー：え、そう？　タイにもお返しの習慣があるよ。まあ、_____けど。
劉　　　　：大家さん、いつもはほんとにいい人なんだけど…。
チャリヤー：そう言ってたわよね。

劉　　　：なんで私の気持ち、_____だろう。ちょっと悲しくなっちゃった。…でも、まあ、_____。
朴　　　：_____、ホストファミリーのお母さんにお土産あげたら、_____。
劉　　　：もらうときはものすごく遠慮するくせに、_____。
朴　　　：そうそう。なんだか「もっとほしい」って_____。
チャリヤー：ふーん、そういうふうに_____んだ。ちょっと_____。
三好　　：なんかみんなで_____ね。
劉　　　：日本人にものをあげるのは難しい、って話をしてたんだ。
三好　　：え、どうして？
朴　　　：劉さんが_____だって。三好さん、どう思う？
三好　　：それ、_____？　日本では_____なあ。
劉　　　：えっ、本当？
三好　　：母なんかも近所の人から何かもらったら、必ず_____よ。
劉　　　：ふーん。
三好　　：もらいっぱなしは_____し。それに、_____んじゃないかな、日本人って…。
王　　　：あー、そういうことだったんだ。でも、一生懸命作ったギョーザに、りんご、_____いうのは、ちょっと…。
三好　　：でもね、___をしたら、かえって相手の_____し…。そのくらいが_____んじゃないかなあ。
劉　　　：…負担、ねえ…。
三好　　：わざわざ高価な物を買って返したら、___？　それに5個ももらったら_____じゃない？
劉　　　：うーん。りんご3個って_____。でも、_____。
朴　　　：これって、吉田先生が言ってた、_____の一つなのかなあ。
三好　　：もっとも、僕だったら何もしませんよ。何事も_____つもりだから。
チャリヤー：へえ、三好さん、出世するの。じゃあ、今から投資しておこうかな。

ユニット2読解　　　　中国紀行　言葉

俵万智

　外国を旅行していると、「言葉」について_____ことが多い。自分とは全く_____を用い、その言葉で考えている人たち。その人たちによって_____ている文化。そこに_____わけであるから、_____かもしれない。
　私は、大学で少し中国語を勉強していたこともあって、今回の旅では積極的に中国語を使ってみた。前回に書いた朝市での買い物や市内バス、ホテルなどで_____、_____ものである。要は_____。とはいっても、失敗談も_____。中国語には「四声」という

第7課　異文化理解

のがあって、発音が同じでも、音の上げ下げで意味が＿＿＿＿＿。それがむずかしい。
　＿＿＿＿＿。食堂でお茶がほしくなり、「茶」をください、と言ったはずなのに、＿＿＿＿＿。あとで調べてわかったのだが、お茶もフォークも発音は「チャー」であるが、お茶のほうは＿＿＿＿＿に言わねばならない。それを私は平らに「チャー」と言ってしまったので、フォークの＿＿＿＿＿。
　かたことの中国語を＿＿＿＿＿、＿＿＿＿＿思ったのは、「＿＿＿＿＿」という、まことに基本的なことである。あるいは＜手段＞といってもいい。リンゴを買う、行き先を＿＿＿＿＿、水道の故障を＿＿＿＿＿……そういった＿＿＿＿＿ための、言葉は最も有効な手段なのだ。私の発した「ウォヤオピングォ」という音が、＿＿＿＿＿相手の頭の中に伝わり、「ああ彼女はリンゴがほしいのだな」ということが＿＿＿＿＿。日本語では＿＿＿＿＿だが、中国語をもってすると、まことに不思議な道具として＿＿＿＿＿（そして、その不思議さと対照的に＿＿＿＿＿のは、モノとしてのリンゴの手ざわりの＿＿＿＿＿である）。
　必死で歌を作ったりしていると、言葉そのものを目的のように＿＿＿＿＿だが、＿＿＿＿＿ということを、この原始的な中国語＿＿＿＿＿は教えてくれたように思う。伝えたいことが＿＿＿＿＿、なのである。
　同様のことは、お金についても＿＿＿＿＿。外国の紙幣を見ると「ああ、お金って紙だったんだなあ」と＿＿＿＿＿。社会の一定のルールに基づいて、それは＿＿＿＿＿となるが、モノとしては＿＿＿＿＿、ただの紙である。言葉が＿＿＿＿＿のと、それはよく似ている。そしてしばしば、お金も＜手段＞という＿＿＿＿＿を忘れられて＜目的＞と化してしまう点も、同様であろう。
　言葉は、＿＿＿＿＿である。が、「たかが」とは言えない恐ろしい道具であることをまた、私は中国で＿＿＿＿＿した。
　杭州から上海への列車の中、私の向かいに一組の男女が座っていた。男は女の父親であろうか。そんなふうに＿＿＿＿＿。何か＿＿＿＿＿話し合っている。かなり早口で、とても私には＿＿＿＿＿。が、そのことがかえって＿＿＿＿＿。男が何か言う。すると女の表情が変わる。女が何かを答える。男は笑う。二人は＿＿＿＿＿に会話をしているわけだが、まったく言葉のわからない私には、その＿＿＿＿＿が実におもしろかった。そのうち、男の表情が厳しくなり、二人は＿＿＿＿＿口調になってきた。――と、ある瞬間、女のほうがはっと＿＿＿＿＿、しばし沈黙。そしてスーッと流れる涙を見たとき、私は＿＿＿＿＿感動と恐ろしさを覚えた。中国語を解さないものにとっては、＿＿＿＿＿言葉が、一人の人間を泣かせることができるのである。殴るでもなくけるでもなく、言葉は＿＿＿＿＿ことができるということ。この＿＿＿＿＿を、忘れてはならないろう。

　　見ておれば言葉に＿＿＿＿＿涙を流す異国の少女

第8課　大学祭

単語帳

アニメ　OB(オービー)　メッセージ　プロジェクト　ポーズ　タイミング　ブログ　ライブ
スピーチコンテスト　ダンスパフォーマンス　パフォーマンス　イベント　リハーサル　トラブル
ピリピリ　デート　オノマトペ　ヒット　ヒット作　ゲーム大会　スケジュール帳
若手　青年　級友　彼氏　教授　監督　聴衆　委員　事務所　件　案　時刻　あす
当日　前日　先ほど　夕焼け　秋空　締め切り　親睦会　相槌　差し支え　国籍
否定形　秘訣　秘密　雑感記　雑感　脅威　途端　大喜び　お笑い　娯楽　心情
留守番　用件　屋台　老舗　場内　腕章　手数　箇所　かぼちゃ
依頼　調整　邪魔　展示　拝聴　離婚　支度　共存　共生　誘導　録音
子供っぽい　すがすがしい　正直　真っ青　無事　光栄　気鋭　生き生き　さっそう
どうせ　なぜか　既に　間もなく　いつしか　にっこり　ずらり　さっさと　わくわく　いそいそ
ひしひし　じいんと(じんと)　てきぱき　ほんのり　思えば
語り合う　にぎわう　頷く　はしゃぐ　かけ直す　手渡す　引き込む　微笑む　入る　拘る
めぐる　染まる　籠る　引き受ける　差し支える　名乗る　言いかける　握りしめる
呼びかける　お手数をかける　あいづちを打つ　後にする
黒沢　青木　原田

文法リスト

Nの／Aところ(を) <対方所处的状态>
〜だけあって <成正比的因果关系>
Vたとたん(に) <契机-出现>
N向け <対象>
〜っぽい <性质、倾向>
〜ことに <主观评价>

Vつつ <同时进行、转折>
Vてからでないと <必要条件>
V(よ)うものなら <条件>
Vかける <动作的阶段>
さえ〜ば <充分条件>
〜に決まっている <确信、断定>

1．次の漢字の正しい読み方を選びなさい。

(1) 若手（a．わかて　　　b．わかしゅ）
(2) 監督（a．かんとく　　b．かんどく）
(3) 親睦会（a．しんぼくかい　b．しんぽくかい）
(4) 夜分（a．よぶん　　　b．やぶん）
(5) 誘導（a．ゆうどう　　b．ようどう）
(6) 腕章（a．わんしょう　b．うでしょう）
(7) 級友（a．きょうとも　b．きゅうゆう）
(8) 拝見（a．はいけん　　b．はいみ）
(9) 気鋭（a．きえい　　　b．きずい）
(10) 屋台（a．やだい　　　b．やたい）

2．次の下線部のひらがなを漢字に直しなさい。

(1) 当店は115年以上も続くしにせです。
(2) イラストレーターとして初めて仕事のいらいがありました。
(3) 今年のイベントも大好評のうちにぶじ終了した。
(4) この和歌は、旅先の情景やしんじょうを巧みに表現している。
(5) 人類にとってのきょういは、温暖化ではなく、化石燃料の枯渇だそうです。
(6) 規則正しい生活、食事が健康のひけつです。
(7) そんなあからさまなゆうどう尋問は、今までに聞いたことがない。
(8) 出かけるから早くしたくしなさい
(9) 卒論のしめきりは５月20日です。
(10) 地道に取り組んできた活動を評価していただき、大変こうえいです。

(1)	(2)	(3)	(4)	(5)
(6)	(7)	(8)	(9)	(10)

3．次のa～dの中から最も適当なものを一つ選びなさい。

(1) 靖子は顔をあげて、白い歯を見せて＿＿＿＿＿笑った。
　　a．ゆっくり　　　　b．こっそり
　　c．にっこり　　　　d．そっくり
(2) 銀行の前に各テレビ局の大きな中継車が＿＿＿＿＿並んでいる。
　　a．ずらりと　　　　b．ずばりと
　　c．すっかり　　　　d．しっかり

(3) 仕事がまだ残っているから、ブーブー文句ばかり言ってないで、_____仕事を片付けなさいよ。
  a．ざっと   b．さっと
  c．さっさと   d．そっと

(4) 子供の頃、遠足の前の日には、胸が_____して眠れなかった。
  a．うろうろ   b．のろのろ
  c．どきまぎ   d．わくわく

(5) 彼はばらの花束を抱いて_____初デートに出かけた。
  a．そろそろ   b．いそいそ
  c．いきいき   d．ぼつぼつ

(6) 目を輝かせて説明してくれた彼女のダイヤモンドに対する熱い思いが_____と伝わってきた。
  a．こつこつ   b．こそこそ
  c．びりびり   d．ひしひし

(7) このCMで少女が老人にかけた温かい言葉が胸に_____きた。
  a．じっと   b．ずっと
  c．さっさと   d．じんと

(8) 定時に退社できるように、彼女はいつも_____と仕事を済ませる。
  a．ばたばた   b．てきぱき
  c．まもなく   d．ようやく

(9) この写真は子供たちの_____とした姿や活動を、温かい目線で描いている。
  a．いきいき   b．ぴかぴか
  c．ひらひら   d．げらげら

(10) この服は色づかいもいいし、デザインも_____だ。
  a．かなり   b．ずいぶん
  c．かならず   d．なかなか

(11) 本番を成功させるには、入念な_____は欠かせない。
  a．リハーサル   b．サークル
  c．パフォーマンス d．イベント

(12) そのような_____が起こったのは、注意が足りないからだ。
  a．トラブル   b．ライブ
  c．ライブ   d．ヒット

(13) 先輩にデートに誘われた時、彼女は_____断りました。
　　　a．なんか　　　　　　b．なんて
　　　c．なんとも　　　　　d．なんとか
(14) 道に迷っているうちに_____日が暮れた。
　　　a．いつも　　　　　　b．いつか
　　　c．いつでも　　　　　d．いつのまにか
(15) ドラマを見ていると、時々自分もその話に_____。
　　　a．引きこむ　　　　　b．引きこまれる
　　　c．引きこもる　　　　d．引きこもられる

4．次の意味や説明で使われている言葉を、a～dの中から一つ選びなさい。

(1) 絞る……範囲を小さく限定する。
　　a．窓や棚などを綺麗にするには雑巾をかたく絞って拭いたほうがいい。
　　b．駅前で立候補者が声をふり絞って訴えると拍手が起きた。
　　c．防災・防犯に関する通常放送は音量を絞って放送しています。
　　d．ここでは、最もよく見られる２つの問題点に絞って書きたいと思います。

(2) まいる……事態に対応できなかったりして、困惑・閉口している気持ちを表す。
　　a．毎月、月の命日にお墓におまいりしています。
　　b．担当の者がまいりましたら、すぐに連絡いたします。
　　c．妻の焼きもちにはまいったよ。
　　d．彼は身体的にも精神的にもかなりまいっている。

(3) 巡る……あちらこちらと移動する。
　　a．市議会では、企業誘致の賛否を巡って議論が白熱するしている。
　　b．いろいろな温泉を巡ってスタンプを集める旅も、おもしろそうですね。
　　c．血液が全身を巡るのに、時間はどのくらいかかりますか。
　　d．池を巡る小道の両側には、春の花が植えられていた。

(4) 並ぶ……列などをつくって位置する。
　　a．数百人が体育館の入り口に並んで待っている。
　　b．実力・人気ともに、彼に並ぶ歌手はいない。
　　c．氏名並びに電話番号を記入してください。
　　d．五十音のカードを並べて、動物の名前を作ってください。

5．次の□から適当な言葉を選び、適当な形に直して文を完成させなさい。
（同じ言葉は２回使わないこと）。

| 不安になる　席を立つ　後にする　呼びかける　付き合う |
| あきらめる　こだわる　うなずく　はしゃぐ |

(1) 形式に_____必要はないと思う。

(2) このイベントは、政府が省エネを_____ために始めたのです。

(3) 先の分からない将来を考えると、誰でも_____ことはあると思います。

(4) お客さんは係員の説明に_____ながら聞き入っていました。

(5) 子供達はサンタさんを見て_____いる。

(6) 先輩が練習に_____くれたおかげで入賞することができました。

(7) 家庭の経済的な事情で、夢を_____しかなかった。

(8) 食事の途中で黙って_____のはマナー違反ですね。

(9) 引退会見を終え、一礼して会場を_____田中さんは寂しそうだった。

6．次の（　）に、適当な助詞を入れなさい。

(1) 父は資金不足（　）悩んでいます。

(2) 先輩（　）（　）（　）要請だから断りにくい。

(3) 誤解された経験があった（　）（　）きっかけ（　）、異文化研究会（　）参加するようになった。

(4) 万里の長城（　）イメージした品物がたくさん並んでいます。

(5) 話（　）終わって教官室（　）出る前に、何と言って挨拶しますか。

(6) 新しいキャンパスは大勢の学生（　）にぎわっている。

(7) 異文化コミュニケーション分野（　）（　）研究は、今後の課題です。

(8) 息子は中学校に入ってから成績（　）だんだん伸びてきた。

(9) 「教育の不均衡」は、貧しい地域（　）（　）援助不足によるものです。

(10) 中国では教師という職業をロウソク（　）たとえる言い方がある。

7．次のa～dの中から最も適当なものを一つ選びなさい。

(1) 「すみません、この辞書を_____。」
　　a．お借りになってもいいですか　　b．お貸ししてもいいですか
　　c．お借りくださってもいいですか　　d．貸していただけますか

(2) 「是非一度、社長に_____のですが、ご都合はいかがでしょうか。」
　　「来週、帰国する予定ですので、こちらからご連絡いたします。」
　　a．お目にかけたい　　　　　　　　b．お目にかかりたい
　　c．拝見いたしたい　　　　　　　　d．拝見いただきたい

(3) 部長、来月、結婚しますので、一週間_____。
　　a．休ませてもよろしいですか　　　b．休みたいです
　　c．休んでいただけますか　　　　　d．休ませていただけないでしょうか

(4) 初めて北京で行ったコンサートはいかがでしたか。ご感想を_____。
　　a．お聞かせください　　　　　　　b．お聞かせいたしませんか
　　c．お承りください　　　　　　　　d．お伺いいたしませんか

(5) 娘は来年大学を受験することになっていますが、英語が苦手で、先生に家庭教師を_____。
　　a．紹介してくださいませんか
　　b．紹介していただけるとありがたいのですが。
　　c．紹介させてくださいませんか
　　d．紹介なさってくださいますでしょうか

(6) これは子供_____の簡単な英会話の本です。
　　a．ため　　　　　　　　　　　　　b．限り
　　c．向け　　　　　　　　　　　　　d．もの

(7) ほとんど試験勉強をしていないのだから、_____。
　　a．落ちるとは限らないよ　　　　　b．落ちるに決まっているよ
　　c．落ちないかもしれないよ　　　　d．落ちるはずはないよ

(8) 一度客の信用を_____、それを取り戻すには大変な努力が必要だ。
　　a．失うかぎり　　　　　　　　　　b．失えば失うほど
　　c．失うにしたがって　　　　　　　d．失おうものなら

(9) 残念な_____、今回の企画は中止しなければならなくなった。
　　a．ことに　　　　　　　　　　　　b．ことなんだから
　　c．ことから　　　　　　　　　　　d．ことはない

(10) 建設現場で働いているから性格は_____けれど、とても優しい父です。
　　a．あらい　　　　　　　　　　　　b．あくどい
　　c．すばしこい　　　　　　　　　　d．すばやい

8．次のa～dの語句を並べ替え、＿★＿に入る最もよいものを一つ選なさい。

(1) ＿＿＿　＿★＿、＿＿＿　＿＿＿。
　　a．ところ　　　　　　　b．ありがとうございました
　　c．講演してくださって　　d．お忙しい

(2) 学校は＿＿＿　＿★＿　＿＿＿、＿＿＿ところだ。
　　a．なければ　　　　　　b．楽しい
　　c．さえ　　　　　　　　d．試験

(3) 彼は＿★＿　＿＿＿　＿＿＿　＿＿＿、どこかへ行ってしまいました。
　　a．コーヒーを　　　　　b．置いたまま
　　c．飲みかけの　　　　　d．テーブルに

(4) これは＿＿＿　＿★＿　＿＿＿　＿＿＿だが、大人にもおもしろい。
　　a．向けに　　　　　　　b．本
　　c．書かれた　　　　　　d．子ども

(5) ＿＿＿　＿＿＿　＿＿＿　＿★＿、その子も小さいころからピアノがうまかった。
　　a．有名な　　　　　　　b．ピアニスト
　　c．だけあって　　　　　d．両親が

(6) この＿＿＿　＿＿＿　＿＿＿　＿★＿人も続けられる。
　　a．飽きっぽい　　　　　b．3日坊主で
　　c．なら　　　　　　　　d．ダイエット法

(7) 長嶋は＿＿＿　＿＿＿　＿＿＿　＿★＿会場に向かっていった。
　　a．いささかの　　　　　b．つつ
　　c．緊張を　　　　　　　d．覚え

(8) 高校生の娘は反抗期の真っただ中で、＿＿＿　＿＿＿　＿＿＿　＿★＿、黙ってしまうか親に食ってかかる。
　　a．注意を　　　　　　　b．ものなら
　　c．しよう　　　　　　　d．何か

(9) ＿＿＿　＿＿＿　＿★＿、＿＿＿は吹き飛んだ。
　　a．見た　　　　　　　　b．不安
　　c．とたん　　　　　　　d．彼の顔を

(10) 甘いものを控えれば、＿＿＿　＿★＿　＿＿＿　＿＿＿ということだ。
　　a．できる　　　　　　　b．改善
　　c．怒りっぽい　　　　　d．性格を

9．次の中国語を日本語に訳しなさい。

（1）非常感谢各位来宾在百忙之中参加我们的开业典礼。

（2）只要有钱就算幸福吗？

（3）她真不愧是新闻记者，记忆力超群。

（4）小说刚读了一半儿就被朋友拿走了。

（5）刚喝下那药就不省人事了。

（6）今天风太大到处都是灰尘。

（7）不看到实物很难决定买还是不买。

（8）明明知道这么说会伤害她，可还是忍不住说了。

（9）做了很多次都失败了，这次肯定也不行。

（10）有意思的是，这个班有3个同名同姓的学生。

Ⅱ. 听力

1. 録音を聴いて、正しい答えを一つ選びなさい。

   (1)＿＿＿ (2)＿＿＿ (3)＿＿＿ (4)＿＿＿

2. 録音を聴いて、内容と合っていれば〇、間違っていれば×を書きなさい。

   (   )(1) アンディさんは新聞の投稿を見て、先生に質問に来ました。
   (   )(2) 「ご～～」と「お～～」は自分のことには使えません。
   (   )(3) 「私がご説明します」と「私がお話しします」は尊敬語です。
   (   )(4) 「こちらからお電話差し上げます」は正しい表現です。

Ⅲ. 阅读

次の文章を読んで後の問いに答えなさい。

日本における牛肉消費量

日本では、殺生を禁じる仏教思想の下、肉を食べることが長い間禁じられてきた。明治維新後、西洋から食肉文化が伝わり、「すきやき」などの料理が広まった。

牛は（　　　　　　　　　　　　　　　　　）。農林水産省の食料需要表によれば、昭和30(1955)年に1.2kgだった国民一人一年あたりの牛肉消費量は、平成12(2000)年には7.6kgと、6倍以上になっている。

1991年に牛肉輸入に対する規制が廃止され、自由化されたこともあり、牛肉消費量は飛躍的に伸びていった。腸管出血性大腸菌O157による食中毒の影響で一時的に消費量が減少したことを除けば、牛肉消費量は増加しつづけていたが、平成13年(2001)年に、BSE(狂牛病)の影響で、大幅に減少した。14年(2002)年には、わずかに前年度を上回ったものの、15年(2003)年には、わずかだったが再び減少する。牛肉消費の3割を占める家庭における消費も同様の変化をみせている。

牛肉の家庭における消費量(1人当たり)

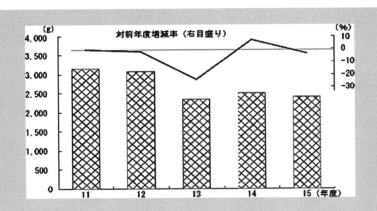

資料：総務省「家計調査報告」
http://aliclin.go.jp/annual/2004/dome/sad/beef/beef04.html（上の図の出典）

問題

(1) 次のa～dの語句を並べ替え、文中の（　　）に入れなさい。

 a．1960年代に耕うん機（"农用拖拉机"）が普及すると

 b．生産量も増えていった

 c．家畜として農業に利用されていたが

 d．それ以降食肉用として飼育されるようになり

(2) 文章の内容と合っているものには○を、合っていないものには×を書きなさい。

 a．（　　）O157による食中毒の影響は一時的なものだった。

 b．（　　）日本では、牛肉輸入の自由化は、1919年に行われた。

 c．（　　）BSEの影響で、家庭でも牛肉を食べる量が大幅に減った。

 d．（　　）日本では、もともと牛は食肉用として飼育されていた。

最後に会話文と読解文を読み直して、＿＿＿＿を埋めなさい。

ユニット1　会話　　　　お目にかかれて光栄です

秘書：黒沢事務所＿＿＿＿。

部長：もしもし、わたくし東西大学の青木＿＿＿＿が…。

秘書：はい。

部長：大学祭の講演のことで監督に＿＿＿＿、お電話したんですが。

秘書：はい、＿＿＿＿。

監督：＿＿＿＿。黒沢です。

部長：あの、わたくし、東西大学アニメ研究会の青木と申しますが、今、少し＿＿＿＿。

監督：はい、どうぞ。

部長：あの、ご講演の＿＿＿＿で、先日お手紙を＿＿＿＿…。

監督：ああ、大学祭の＿＿＿＿ですね。

部長：はい。

監督：原田君からも聞いてます。

部長：あのう、お手紙にも書きましたが、今年は「自然と人間の共生」というテーマで、ぜひ、監督に＿＿＿＿と思いまして。

監督：えーっと、11月の10日＿＿＿＿？

部長：はい、午後なんですが。

監督：午前中にちょっと会議が＿＿＿＿んですけど…。

部長：はあ…。

監督：でも、まあ、原田君＿＿＿＿しね。会議のほうが＿＿＿＿よ。

部長：＿＿＿＿。ぜひ、よろしくお願いいたします。

監督：じゃあ、そうですねえ、あすのこの時間に、もう一度＿＿＿＿。

部長：はい、＿＿＿＿。では、またお電話いたします。＿＿＿＿。

監督：はい。

部長：＿＿＿＿、ありがとうございました。では、＿＿＿＿。

部長：監督、きょうは＿＿＿＿です。どうもありがとうございました。

部員：作品のテーマを＿＿＿＿方法などについても、＿＿＿＿。

監督：そうですか。そう＿＿＿＿と、わたしもうれしいです。

部長：あのう、先ほど次の作品の＿＿＿＿が、もし＿＿＿＿、少し＿＿＿＿でしょうか。

監督：そうですねえ。まあ、具体的なことはこれからなんですけどね。次は世界平和をメッセージとした、＿＿＿＿つもりです。

部長：（部員に）＿＿＿＿だね。

部員：ほんとだね。

李　：あのう、中国の京華大学から参りました、李と申します。きょうは＿＿＿＿光栄です。わたしは監督の作品を＿＿＿＿で、日本語の勉強を始めたんです。

監督：そうですか。それはそれは。

李　：あの、一つ＿＿＿＿ですが、外国人でも監督のプロジェクトに参加できるんでしょうか。

王　：（小さい声で）李さん、そんなことはちょっと…。
監督：いやあ、まあ、＿＿＿＿＿、国籍には＿＿＿＿＿よ。これまでも、外国の方にはおおぜい参加して＿＿＿＿＿ていますし。
李　：そうなんですか！

ユニット2　読解　　　雑感記：大学祭に行って（ブログ）

　一週間ぐらい前に、息子が「今度、大学祭で黒沢監督の講演会があるけど、どう？」と聞いてきた。黒沢監督が次々に＿＿＿＿＿を発表しているということは知っている。でも、アニメのような＿＿＿＿＿映画の話など聞いても、＿＿＿＿＿だろう…そう思って、「スケジュール帳を＿＿＿＿＿…」と言いかけたら、「よかったら、母さんと一緒に」と、さっさとチケットを2枚＿＿＿＿＿。

　妻の方は、黒沢監督の講演会と＿＿＿＿＿たとたん、＿＿＿＿＿。驚いたことに、＿＿＿＿＿と言う。それに、「久しぶりに母校に行けるなんてわくわくする」、と＿＿＿＿＿。ここで「僕は留守番してるよ」なんて＿＿＿＿＿、怒り出すに決まっている。＿＿＿＿＿一緒に行くと約束した。

　当日、講演は3時からなのに、妻はなぜか朝から＿＿＿＿＿。不安になって予定を聞いたら、「＿＿＿＿＿お昼前に着いて模擬店や展示を見てから講演を聴きましょう。もちろん、＿＿＿＿＿わね」とにっこり笑った。＿＿＿＿＿！

　11時頃、大学に着くと、模擬店が＿＿＿＿＿、キャンパスは既に大勢の若者で＿＿＿＿＿。入口で手渡されたプログラムを見ると、ライブ、ゲーム大会、スピーチコンテスト、ダンスパフォーマンス、公開セミナーなど、＿＿＿＿＿ほどイベントがある。妻と私は、学生たちの屋台を＿＿＿＿＿、お笑いライブやスピーチコンテストを聴いているうちに、＿＿＿＿＿。

　＿＿＿＿＿講演会の開始時刻になった。黒沢監督の講演という＿＿＿＿＿、場内は満員だ。私たちは＿＿＿＿＿並んで座った。＿＿＿＿＿場内が暗くなり、監督が登場した。気鋭の監督らしく、＿＿＿＿＿。監督が低い声で静かに語り始めると、妻はハンカチを握りしめ、＿＿＿＿＿になった。私も＿＿＿＿＿、「自然と共存していくしかない人間は、自然の脅威を忘れてはならない」という、監督の＿＿＿＿＿。彼の作品は＿＿＿＿＿などではなかったことを、私は＿＿＿＿＿理解した。

　講演が終わり、「なかなかよかった、＿＿＿＿＿よ。」と妻に言うと、妻は「今度、黒沢監督の作品、一緒に見に行きましょうね」と＿＿＿＿＿。うなずいて＿＿＿＿＿、そのとき、大学祭実行委員の腕章をつけた青年の姿が＿＿＿＿＿。それは息子だった。アンケートへの協力を＿＿＿＿＿、＿＿＿＿＿と参加者を出口へ誘導している。思わず＿＿＿＿＿が、何だか邪魔をす

るような気がして、二人とも黙って教室を＿＿＿。
　外へ出ると、＿＿＿。

東西大学　大学祭実行委員のブログ

11月11日

無事、成功！！

　講演会担当の青木です。＿＿＿皆さん、お疲れ様でした！
　前日の＿＿＿の時は、マイクの音が出なかったり、いすが足りなかったり、いろいろ＿＿＿があってみんな＿＿＿していましたね。正直、成功するかどうか＿＿＿。
　でも、講演会は無事、成功！　黒沢監督に感謝！です。

　思えば、準備を始めて半年…。実行委員になって、本当に＿＿＿を過ごすことができました。
　本当にどうもありがとうございました！

実力テスト4

1. 次の漢字の読み方を、ひらがなで書きなさい。

   (1) ①恐縮(　　　) ②縮む(　　　)
   (2) ①熟練(　　　) ②練る(　　　)
   (3) ①冷凍(　　　) ②凍える(　　　)
   (4) ①調整(　　　) ②整える(　　　)
   (5) ①光栄(　　　) ②栄える(　　　)
   (6) ①振動(　　　) ②振る(　　　)
   (7) ①極端(　　　) ②極める(　　　)
   (8) ①優秀(　　　) ②優れる(　　　)
   (9) ①増幅(　　　) ②大幅(　　　)
   (10) ①執筆(　　　) ②執着(　　　) ③執る(　　　)

2. 次の下線部のひらがなを漢字に直しなさい。

   (1) アパートのおおやさんは親切な方だ。
   (2) 中国の世界貿易機関（WTO）加盟は中日の貿易まさつの解消に役立つだろう。
   (3) 冬至をさかいに、日照時間は長くなります。
   (4) 住宅ローン金利のじょうしょう傾向が続いています。
   (5) 誠にきょうしゅくとは存じますが、是非ご臨席賜りますようお願い申し上げます。
   (6) 医薬品を個人ゆにゅうして使ってはいけない。
   (7) 皆の笑顔を見て、心のとびらがスーと開いた感じがした。
   (8) コミュニケーション能力にたけている人に共通していることは、相手の話をよく聞くということです。
   (9) 子供のころから善悪を判断する能力をつちかう必要がある。
   (10) 彼は愛と芸術に生涯をささげた。

| (1) | (2) | (3) | (4) | (5) |
| (6) | (7) | (8) | (9) | (10) |

3. 次の下線部のひらがなを漢字に直しなさい。

   (1) a．琵琶湖のすいいを観測する。
       b．県税収入のすいいをグラフで見る。

(2) a．大学を卒業していらい、彼女には一度も会っていない。
　　b．パソコンの修理をいらいする。
(3) a．あなたのご恩はしょうがい忘れません。
　　b．さまざまなしょうがいや困難を克服した。
(4) a．到着時間は、電車のほうがせいかくだ。
　　b．彼は明るいせいかくで、いつもニコニコしています。
(5) a．体に無理のないように十分なきゅうそくを取ってください。
　　b．IP電話サービスがきゅうそくに広まった。
(6) a．学校のすいせんで参加が決まった。
　　b．20年前からすいせんトイレが普及してきた。
(7) a．子孫のはんえいを願う。
　　b．好成績をあげたのに、期待したほど給料にはんえいされていなかった。
(8) a．時間に余裕をもって飛行機のとうじょう手続きを済ませよう。
　　b．映像や音声など大容量のデータを使った新しいサービスがとうじょうした。
(9) a．人口問題に関するせいさくを見直す。
　　b．展覧会に出品する作品をせいさくする。
　　c．家具をせいさくする。
(10) a．こうかな品物でなくてもいいから、記念になるものが欲しい。
　　b．動脈こうかは危ない病気だ。
　　c．この薬は幼児の皮膚アレルギーにこうかがある。

(1)	a	(2)	a	(3)	a	(4)	a
	b		b		b		b
(5)	a	(6)	a	(7)	a	(8)	a
	b		b		b		b
(9)	a	c		(10)	a	c	
	b				b		

4．次の下線部の言葉と同じ意味のものを、a～dの中から一つ選びなさい。

(1) 社会には、大きなチャンスがたくさん眠っています。
　　a．伝言　　　　　　　b．物語
　　c．機会　　　　　　　d．提案

(2) 私はこの愛にすべてをかけた。
　　a．全部　　　　　　　b．まるで
　　c．大部分　　　　　　d．ほとんど

(3) この美容法はテレビでもたびたび紹介されている。
　　a．ときどき　　　　　　　b．そろそろ
　　c．たまたま　　　　　　　d．しばしば
(4) 月給を大幅に引き上げた。
　　a．やはり　　　　　　　　b．かなり
　　c．きっと　　　　　　　　d．だいたい
(5) この機械の仕組みは複雑だ。
　　a．仕方　　　　　　　　　b．解釈
　　c．制御　　　　　　　　　d．構造

5．次の説明に合致する言葉を、a～dの中から一つ選びなさい。

(1) ちょっとしたことを必要以上に気にする。
　　a．おもんじる　　　　　　b．こだわる
　　c．ふれる　　　　　　　　d．かんじる
(2) 問題として扱う。
　　a．取り付ける　　　　　　b．取り出す
　　c．取りかえる　　　　　　d．取り上げる
(3) 家や部屋などに入ったまま、外へ出ないでいる。
　　a．閉じこもる　　　　　　b．疲れる
　　c．落ち着く　　　　　　　d．滞る
(4) 気持ちや勢いがひときわ高まる。
　　a．跳ねる　　　　　　　　b．騒ぐ
　　c．飛び上がる　　　　　　d．盛り上がる
(5) 使い方を心得て、十分に活用する。
　　a．使いこなす　　　　　　b．使い分ける
　　c．使い捨てる　　　　　　d．使い切る
(6) その立場としての仕事をやってのける。
　　a．終る　　　　　　　　　b．済む
　　c．果たす　　　　　　　　d．遂げる
(7) ある物事を行うための要領や大事な点。
　　a．こつ　　　　　　　　　b．わざ
　　c．手がかり　　　　　　　d．着想

(8) 何かをするのに都合の悪い事情。

  a．差し出し   b．差し上げ

  c．差し支え   d．差し替え

(9) 相手の申し出などを受け入れられないことを告げる。

  a．ひく   b．ことわる

  c．おさえる   d．ひかえる

(10) どこまでも、十分に、徹底的に。

  a．あらかじめ   b．あらためて

  c．あくまで   d．あんがい

6．次のa～dの中から最も適当なものを一つ選びなさい。

(1) 人それぞれ悩みを_____いる。

  a．担いで   b．抱えて

  c．頂いて   d．引き出して

(2) 最近、果物の消費が_____いないようだ。

  a．仕上がって   b．昇って

  c．飛んで   d．伸びて

(3) ここ20年で、医療は_____進歩をとげた。

  a．めざましい   b．あわただしい

  c．ふさわしい   d．くやしい

(4) 故郷の美しい風景を心に_____。

  a．語る   b．描く

  c．味わう   d．問う

(5) 兄は大家族を_____きた。

  a．挙げて   b．支えて

  c．集めて   d．保って

(6) 洗剤の香りが洗濯物に_____。

  a．移った   b．染めた

  c．溶けた   d．動いた

(7) 母は時計を5分_____習慣がある。

  a．収める   b．整える

  c．進める   d．調べる

(8) 青年は人里離れた森の中で_____と暮らしていた。
   a．すっかり   b．うっかり
   c．ばったり   d．ひっそり

(9) 彼女は怒って何日も口を_____くれなかった。
   a．いって   b．あけて
   c．きいて   d．だまって

(10) 私たちは、地球温暖化問題とどう_____いけばよいのか真剣に考えるべきだ。
   a．向き合って   b．向かい合って
   c．対して   d．面して

7．次のa～dの中から最も適当なものを一つ選びなさい。

(1) こんなにたくさんあるの。1週間じゃ_____よ。
   a．読みきれない   b．読みかねない
   c．読むことはない   d．読みそうもない

(2) 考え_____方法はみな試してみたが、解決策は見つからなかった。
   a．ある   b．いる
   c．うる   d．おる

(3) 車を買ってから歩かなくなり、近くのスーパーで_____車で行く。
   a．こそ   b．だに
   c．かぎり   d．すら

(4) ひとくちに「健康食品」_____、いろいろな種類があります。
   a．というには   b．というから
   c．といえば   d．といっても

(5) 毎年セミの声を聞くころになると、ふるさとを思い出さずには_____。
   a．いられない   b．なりえない
   c．おわらない   d．とまらない

(6) 本日はお忙しい_____ご出席いただきまして、感謝申し上げます。
   a．こと   b．もの
   c．ところ   d．わけ

(7) 若者に人気のあるゲームだというのでやってはみた_____、私には無理だった。
   a．ものを   b．ものの
   c．もので   d．ものか

(8) 窓を_____したので、寒かった。
　　a．開けっ放しに　　　　　　b．開けながら
　　c．開けきりに　　　　　　　d．開けつつ
(9) チャット_____交流ができるようになって、便利になった。
　　a．に対する　　　　　　　　b．による
　　c．といえば　　　　　　　　d．とともに
(10) 都心では子どもが少なくなってきているので、学校の数も_____。
　　a．減る通りだ　　　　　　　b．減るばかりだ
　　c．減る次第だ　　　　　　　d．減るべきだ
(11) あの小説を一度読んだことがあるが、話の筋が複雑すぎて_____。
　　a．まったくわかった　　　　b．けっこうわかった
　　c．まったくわからなかった　d．けっこうわからなかった
(12) 試合の結果はともかく、最後までみんな_____。
　　a．よくがんばった　　　　　b．よくがんばらなかった
　　c．たびたびがんばった　　　d．たびたびがんばらなかった
(13) あまり勉強しなかったわりには、_____。
　　a．試験の成績はよかった　　b．試験の成績はよくなかった
　　c．試験の成績がよくなるはずだ　d．試験の成績がよくなるわけがない
(14) これくらいの風邪で_____。
　　a．休むことになっている　　b．休むにきまっている
　　c．休まねばならない　　　　d．休んではいられない
(15) 「私がやります」と言った以上、責任を持って_____。
　　a．やってしまった　　　　　b．やったらしい
　　c．やるわけではない　　　　d．やらなくてはならない

8．あなたのいちばん好きな日本のアニメのあらすじを書きなさい。

第9課　外来語

単語帳

バリエーション　ユニーク　サイト　フロア　カーテン　マニフェスト　ケア　ヘルパー　バリアフリー　バリア　フリー　パネルディスカッション　シャドーキャビネット　ケアマネージャー　ノーマライゼーション　ユニバーサルデザイン　カタカナ語

別　影　枠　結論　根拠　性質　水準　権利　急務　愛情　個別　内閣　漢語　一瞬　概念　本分　事物　自体　有料　古来　和語　母語　話者　外来語　職業柄　政治　紙面　政策綱領　苛立ち　年寄り　世の中　見直し　賛成派　表音文字　等生化　案内書　生活様式

輸入　増加　定着　向上　承知　矛盾　批判　評価　成立　短縮　引用　構成　表記　表明　制限　選挙　一新　混乱　介護　変換　発話　特定　質疑　応答　反論　交際　失恋　同意　罰金　-柄　-派

柔軟　明確　むやみ　無駄　独自　ただ今　たった今　おそらく　少なくとも　そのまま　あえて　従って　是非　誠に　徐々に　とても　基本的　徹底的　と言うのは　どちらかと言えば

気付く　稼ぐ　指す　課す　読み進める　図る　加わる　任せる　整える　改まる　溢れる　耳にする　例にとる

村上　長谷川　永井　国立国語研究所

文法リスト

Vかねない＜負面的可能性＞
〜にちがいない＜有把握的判断＞
Nに応じて＜根据＞
Nに関する／Nに関して＜内容＞
〜にすぎない＜程度低＞
〜とともに＜変化＞

〜以上＜推理的根拠＞
Vる一方だ＜不断増強的勢头＞
Nにすれば＜思考的角度＞

I．文字・語彙・文法

1．次の下線部の漢字の読み方をひらがなで書きなさい。

(1) このソフトは、漢字の変換には便利だ。
(2) 最近の夕刊は広告で紙面を埋めている。
(3) プレゼンは素晴らしいのに、質疑応答で印象が一転してしまうこともある。
(4) 北京案内は私に任せてください。
(5) ガラスのリサイクルを図るため、平成15年から分別収集を実施しています。
(6) ビジネスには柔軟性が必要だ。
(7) 交通違反の罰金は、500元を上限とする。
(8) 早朝のヨーグルトの配達で学費を稼いだ。
(9) 時間が無駄にならないように詳しい計画を立てた。
(10) 学習意欲を高め、学力の向上を図る。

(1)	(2)	(3)	(4)	(5)
(6)	(7)	(8)	(9)	(10)

2．次の下線部のひらがなを漢字に直しなさい。

(1) 委員長のせんきょは９月だそうです。
(2) 遊びこそ子どものけんりだ。
(3) 原稿を何度みなおしても、他の人がチェックすると必ず見落としが見つかる。
(4) 田中さんは介護をしょくぎょうにしようと思っている。
(5) 経済の発展に伴って、国民の生活すいじゅんは上がりつつある。
(6) それは科学的こんきょに乏しい噂にすぎない。
(7) 「人気」や「職場」は、中国にていちゃくした日本語です。
(8) 事前調査の結果と本調査の結果とでは、回答内容がむじゅんしている。
(9) 時間はしつれんを治すいい薬です。
(10) 自分らしさがひょうかされて、うれしかった。

(1)	(2)	(3)	(4)	(5)
(6)	(7)	(8)	(9)	(10)

3．例を参考にして、次の表を完成させなさい。

外来語	英語	中国語
例：アニメーション	animation	动画
	contents	
	character	
	sports center	
	story	
	cost	
	fast food	
	shopping	
	cook	
	staff	
	image	

4．次のa～dの中から最も適当なものを一つ選びなさい。

(1) 買物の便宜を_____ために、スーパーの入り口にかごを並べておいた。
 a．計る b．図る
 c．謀る d．測る

(2) ペットの世話を他人に_____くらいなら、飼わないほうがましだ。
 a．任せる b．整える
 c．改まる d．寄せる

(3) 入試では英語を捨てて、数学で点数を_____。
 a．働いた b．稼いだ
 c．向上した d．目指した

(4) 明日の決勝では、もっと前方で戦うチャンスが_____かもしれない。
 a．生む b．生かす
 c．生まれる d．生じる

(5) 手続きが遅れると、手当を_____ことができない。
 a．届く b．受け取る
 c．受け止める d．受け入れる

(6) やっと先進国の研究_____に肩を並べられるようになった。
 a．標高 b．水平
 c．基準 d．水準

(7) クリスマスは日本人の間にすっかり_____した。
　　a．愛着　　　　　　　　　　b．執着
　　c．定着　　　　　　　　　　d．決着

(8) 業績が悪いため_____が下がった。
　　a．評価　　　　　　　　　　b．批評
　　c．批判　　　　　　　　　　d．評判

(9) 先に役割を決めておいて、本人には事後_____というのはどうですか。
　　a．承知　　　　　　　　　　b．周知
　　c．同意　　　　　　　　　　d．承諾

(10) 国際結婚に反対だというのは_____私個人の意見だ。
　　a．あえて　　　　　　　　　b．むやみ
　　c．おそらく　　　　　　　　d．あくまでも

5．次の（　）に、適当な助詞を入れなさい。

(1) 新聞の記事（　）例（　）とると、「少子化」（　）（　）「高齢化」（　）（　）は、日本の社会問題として世界から注目されている。

(2) 日本語の勉強を通して、日本の文化（　）（　）理解を深めることができた。

(3) 田中さんとはただの仕事の仲間（　）すぎない。

(4) 新しく出版した教科書（　）CDかMP3（　）ついている。

(5) 続いて、音楽番組（　）（　）クイズ番組（　）移ります。

(6) 高校生にも制服が必要だという意見（　）（　）反対です。

(7) なぜこんな結論に至ったのか理解（　）苦しみます。

(8) 大切な自然を犠牲にして（　）（　）あえて開発をする必要があるのだろうか。

(9) 仏教はいつ日本（　）定着したのですか。

(10) 何（　）（　）（　）外来語を使うのはいかがなもの（　）とわたくしは思う。

6．次のa～dの中から最も適当なものを一つ選びなさい。

(1) 農産品が大幅に値上がりするという心配は、単なる杞憂_____。
　　a．がある　　　　　　　　　b．にすぎない
　　c．までのことだ　　　　　　d．にかたくない

(2) 日が沈む_____気温が下がり、明け方前には氷点下になることもある。
　　a．とともに　　　　　　　　b．にそって
　　c．うちに　　　　　　　　　d．以来

(3) 政府の方針_____疑問を感じている。
  a．にとって　　　　　　　　b．において
  c．に関して　　　　　　　　d．に加えて
(4) 目標を決めた_____、なんとしてもそれに到達したい。
  a．次第　　　　　　　　　　b．もので
  c．ことから　　　　　　　　d．以上
(5) 会社を立て直すために、必要_____検討会や打ち合わせ会を開くつもりです。
  a．とともに　　　　　　　　b．にくわえて
  c．におうじて　　　　　　　d．にかけて
(6) プロが作った中華料理_____、味がちょっと薄い。
  a．にすれば　　　　　　　　b．としても
  c．にとって　　　　　　　　d．にしては
(7) 大人_____何気ないことでも、子ども達にとっては大切なこともある。
  a．といえば　　　　　　　　b．にすれば
  c．にして　　　　　　　　　d．というと
(8) 私が褒められる姿を見れば、母もきっと喜んでくれる_____。
  a．にちがいない　　　　　　b．にすぎない
  c．にかぎらない　　　　　　d．におよばない
(9) この事故が報道されれば、企業は信用を失い_____。
  a．きれる　　　　　　　　　b．きれない
  c．かねない　　　　　　　　d．かねる
(10) これでは新しい客を獲得するどころか、ひいきの客まで離れる_____ね。
  a．気持ちだ　　　　　　　　b．一方だ
  c．次第だ　　　　　　　　　d．がちだ

7．次の文を完成させなさい。

 (1) 時代の移り変わりとともに、_____。
 (2) この事件に関する報告は_____。
 (3) クラスの人数に応じて、_____。
 (4) 地方出身の学生にすれば、_____。
 (5) 返品を承れかねないので、_____。
 (6) あくまでも私個人の意見ですが、_____は時間の無駄に過ぎないと思います。
 (7) たくさんの人が集まっています。きっと_____に違いない。

(8) 疲れが続いたら＿＿＿＿＿＿＿＿＿＿＿＿＿＿＿＿＿＿＿＿＿がちです。

(9) 優れた人が集まっている大都会では、＿＿＿＿＿＿＿＿＿＿＿＿一方だ。

(10) 人間である以上、＿＿＿＿＿＿＿＿＿＿＿＿＿＿＿＿＿＿＿＿＿＿。

8．次のa～dの語句を並べ替え、＿★＿に入る最もよいものを一つ選びなさい。

(1) これは一人の人間＿＿＿　＿＿＿　＿★＿　＿＿＿、人類にとっては偉大な飛躍である。
　　a．一歩に　　　　　　　　b．小さな
　　c．過ぎないが　　　　　　d．にとって

(2) あの人は＿＿＿　＿＿＿　＿★＿　＿＿＿。
　　a．約束を　　　　　　　　b．私との
　　c．に違いない　　　　　　d．忘れた

(3) ＿＿＿　＿＿＿　＿★＿　＿＿＿反省しなくてはならない。
　　a．以上　　　　　　　　　b．注意された
　　c．先生に　　　　　　　　d．直接

(4) 北京では＿＿＿　＿＿＿　＿★＿　＿＿＿がたくさんあります。
　　a．子供　　　　　　　　　b．ピアノ教室
　　c．向け　　　　　　　　　d．の

(5) ＿＿＿　＿＿＿　＿★＿　＿＿＿が低下するのは仕方がないことだ。
　　a．記憶力　　　　　　　　b．とる
　　c．とともに　　　　　　　d．年を

(6) こんな個人情報をネットで＿＿＿　＿★＿　＿＿＿　＿＿＿。
　　a．いかがな　　　　　　　b．ものか
　　c．公開するのは　　　　　d．と思う

9．次の中国語を日本語に訳しなさい。

（1）既然决定在日企工作了，就一定要把日语学好。

（2）这次召开的是关于民办大学经营方式的会议。

（3）文章的最大优势是可以按照个人的速度反复阅读。

（4）这只不过是我个人的意见，我觉得这个项目难以实施。

（5）那个孩子和小李长得一样，一定是小李的孩子。

（6）近几年北京的地价不断上涨。

（7）时代不同价值观也会改变。

（8）到了中年不注意身体的话，很容易得"现代病"。

（9）我小时候身体弱，常请假休学。

（10）独居老人都希望子女在身边吧！

Ⅱ. 听力

1. 録音を聴いて、正しい答えを一つ選びなさい。

　　(1)_____ (2)_____ (3)_____ (4)_____

Ⅲ. 阅读

一．次の文章を読んで、後の問いに答えなさい。

　　外来語を使うことの良い点としては、「話が通じやすく便利である」（29.5％）、「新しさを感じさせることができる」（28.2％）、「これまでになかった物事や考え方を表すことができる」（25.6％）、「しゃれた感じを表すことができる」（22.1％）、「同じ意味でありながら、これまで使っていた言葉の暗いイメージをなくすことができる」（20.0％）などがあげられたが、いずれも2割ほどである。「選択肢の中に良いと思う点はない」という割合は11.8％であった。

　　性別でみると、男女とも「話が通じやすく便利である」（男性30.3％、女性28.9％）と「新しさを感じさせることができる」（同28.3％，28.1％）が1位、2位であった。男性では「これまでになかった物事や考え方を表すことができる」（27.6％）、「しゃれた感じを表すことができる」（19.7％）がこれに続き、女性では「しゃれた感じを表すことができる」（24.1％）、「同じ意味でこれまで使っていた言葉の暗いイメージをなくすことができる」（23.9％）、「これまでになかった物事や考え方を表すことができる」（21.4％）が続いている。女性では、「露骨な表現を和らげる効果がある」（19.3％）も高い割合である。

　　次に、外来語を使うことの悪い点については、「相手によって話が通じなくなる」が46.7％で最も多かった。以下、「誤解したり、意味を間違えて理解してしまう」（37.2％）、「日本語の伝統が破壊される」（33.3％）、「読み方がむずかしくて覚えにくい」（27.4％）などの順になっている。「選択肢の中に悪いと思う所がない」という回答は5.3％だったので、9割以上の人が何らかの悪い点があると考えている。

　　また、外来語の悪い点としての認識に大きな男女差はみられなかった。男女別・年齢別にみると、「相手によって話が通じなくなる」は、男性の20代と女性の20代から40代で5割以上の人があげている。また、「誤解したり、意味を間違えて理解したりしてしまう」は男性の30代と女性の30代から40代でやや割合が高くなっている。「日本語の伝統が破壊される」と「読み方がむずかしくて覚えにくい」という回答は、男女とも高齢層に多い。

問題

　　（1）文章の内容に合っているものには○を、合っていないものには×を書きなさい。

　　　　（　　）a．外来語の使用については男女で大きく意見が異なっている。

(　　) b．女性は外来語の使用に賛成の理由として、「しゃれた感じを出すことができる」が最も多く、「同じ意味でありながら、これまで使っていた言葉の暗いイメージをなくすことができる」（18.2％）がこれに続く。

(　　) c．外来語の使用に反対の意見を持つ人の割合は、賛成の人の割合よりも多い。

(　　) d．若者よりも高齢者のほうが日本語の伝統を大切に思っている。

(2) 次の外来語の意味を、中国語で答えなさい。

　　　　a．レポート　　　　　　　　b．ヘルパー
　　　　c．ショップ　　　　　　　　d．プロジェクト
　　　　e．コスト　　　　　　　　　f．アクセサリー
　　　　g．アタック　　　　　　　　h．シーン
　　　　i．モダン　　　　　　　　　j．モットー
　　　　k．ユーモア　　　　　　　　l．ユニーク
　　　　m．ラケット　　　　　　　　n．リード

(3) 次のa～dの中で、文章であげられている外来語の使用に関する意見と関係のないものを選びなさい。

　　a．課長はいつも外来語をたくさん使うが、ときどきその外来語の意味が分からないのでとても困っている。（27歳OL）

　　b．今日、電話で市役所の人から「ヘルパーは必要ですか」と聞かれたが、ヘルパーというのはいったい何のことだろうか。（65歳女性）

　　c．外国人と英語で話しているときに、日本語の外来語の発音をしてしまい、相手に理解してもらえないことがあります。（30歳　サラリーマン）

　　d．「ネックレス」を「首飾り」って言うと、なんだかおばあちゃんの言葉みたい。（19歳　学生）

二．次の会話文を読んで、後の問いに答えなさい。

1　A：ねえ、なにやってるの？
　　B：ああ、これはさ、パソコン用語の一覧表だよ。今度の交流会で配ろうと思ってさ。
　　A：へー。「アップグレード」、「性能を向上させること」…、「インストール」、「ソフトウェアをコンピュータに組み込むこと」か。でも、こんなのわざわざ表にする必要ないんじゃない？
　　B：要らないと思うかもしれないけど、これが結構役に立つんだよ。
　　A：ふーん。

B：これ、僕の経験なんだ。留学してた時、いろいろパソコン用語が分からなくて、会話にカタカナ語を混ぜて話してたんだ。それは英語圏の留学生には大体通じたけど、日本の友達にはあんまり分かってもらえなかったんだ。日本語のカタカナ語は英語の音を　そのまま訳したものばかりじゃないから、こういう表が役に立つと思ってね。

A：そういえば「パソコン」って、「パーソナルコンピュータ」を略した形だもんね。

B：そうそう。外来語はその国の言葉によって訳し方も略し方も違うんだよ。例えば、デジタルカメラは日本語じゃ「デジカメ」だけど、韓国語じゃ「ディカ」っていうんだ。「スクリーンセーバー」なんて、もし自分の国じゃなかったらどうやって説明したらいいと思う？結構難しいよ。

A：そうだなあ…。「画面の焼付きを防ぐためのソフト」じゃあだめかなあ。

問題：次のa～dの中から、会話の内容と合致するものを一つ選びなさい。

　　a．「インストール」は「ソフトウェアをコンピュータで組みかえること」です。
　　b．カタカナ語は英語の音を略したものもあります。
　　c．カタカナ語は英語の音をそのまま利用したものばかりです。
　　d．「スクリーンセーバー」は「画面の焼付きをするためのソフト」です。

2．A：先生、このお菓子、おいしいですね。

B：そうだね。これはシュークリームって言うんだよ。私の大好物でね、さっき伊藤先生が差し入れにくれたんだ。

A：英語では「cream　puff（クリームパフ）」ですが、「シュー」というのは…。

B：実は、これはフランス語が元になった言葉なんだよ。「シュー」は「皮」の意味で、元の名称は「シュー・ア・ラ・クレーム」って言ったんだ。意味はなんと「クリーム入りキャベツ」。形がキャベツに似てるでしょう？

A：そうだったんですか。すごい発想ですね。

B：他にも色々珍しい言葉はたくさんあるよ。「ゴールデンウィーク」は和製英語、つまり翻訳じゃなくて日本人が作ったもの。「ドレミファソラシド」はイタリア語で、昔の日本語では「ハニホヘトイロハ」。「サボる」はフランス語の「sabotage（サボタージュ）」を日本語風に動詞化したもの。

A：カラオケはどういう意味ですか。

B：これも日本人が作ったもので、「から」は「空（くう）、ない」という意味。「オケ」は管弦楽の英語の「オーケストラ」。つまり「空のオーケストラ」を略したものだね。

問題：次のa～dの中から、先生の説明と合致するものを一つ選びなさい。

　　a．シュークリームはキャベツにクリームを入れた料理です。
　　b．「サボる」を日本語で言うと「サボタージュ」です。
　　c．「ゴールデンウィーク」は日本人が作った言葉です。
　　d．「カラオケ」は一人で歌うことからきた言葉です。

最後に会話文と読解文を読み直して、_____を埋めなさい。

ユニット1　会話　　　　外来語は制限すべきか

司会　　　：きょうのテーマは_____です。それでは、今ご紹介した4人の方のうち、まず、制限すべきだとお考えの村上さん、_____。

村上　　　：はい。_____とおり、わたくしは外来語は制限すべきだと思います。
（50代男性）　職業柄、よくわたくしは政治経済関係の紙面を読むのですが、外来語の多さとわかりにくさにはいつも_____。
　　　　　　例えば、先日の選挙を_____と、紙面に「マニフェスト」ですとか、「シャドーキャビネット」ですとか、初めて見る外来語が_____んですが、別の記事に「政策綱領」や「影の内閣」などの_____もありました。わたくし、一瞬_____しまったんですが、_____うちに両方とも同じ意味を指していることに_____。おそらく外来語のほうはイメージの_____ために使われるようになったのでしょうね。でも、それだけの目的でむやみに外来語を使用するのは読者の_____。
　　　　　　それで、何にでも外来語を使うのは_____わけです。

司会　　　：ありがとうございました。_____、同じように制限すべきとお考えの小林さん、お願いします。

小林　　　：はい。わたしも外来語は制限すべきだと考えます。
（40代女性）　わたしは介護支援専門員をしておりますが、介護に関する言葉は__

_____。
　　皆さんは「ヘルパー」「バリアフリー」「ケアマネージャー」という言葉を_____と思います。でも、これらの言葉を聞いてすぐに意味がわかるお年寄りは_____。少なくともわたしが普段接しているお年寄りの中には、_____。これでは_____の介護です。
　　おじいちゃん、おばあちゃんが_____、外来語の見直しとわかりやすい言葉への変換が_____とわたしは強く感じます。

司会　　：ありがとうございました。_____、外来語を制限すべきではないというお考えの長谷川さん、永井さん、_____。まず長谷川さんから。

長谷川　：はい。今、_____、確かに新しい概念をそのまま外来語として使うことは_____と思います。しかし、それでもわたしは_____。
　　と言いますのは、日本語は古来中国から漢語を_____、和語と漢語を使い分けて日本語独自の表現を_____てきたわけでして、今は、外来語がこれに加わって、_____と考えるからです。
　　村上さんの「マニフェスト」と「政策綱領」のお話は、必要に応じてこの二つを使い分けるところが_____と思います。また、小林さんのご指摘は介護などの_____と考えます。
　　国立国語研究所_____、日本人の発話における外来語の割合は５％_____。このことは、外来語が日本語全体のごく一部でしかないことを_____。
　　以上から、わたしは_____と考えます。

司会　　：ありがとうございました。最後に永井さん、お願いします。

永井　　：はい、わたくしも長谷川さん_____、外来語を制限する必要はない
（30代女性）と思います。_____、言葉を制限することには反対です。
　　_____、言葉は変化するものですよね。わたしは_____、言葉の姿だと思います。つまり、言葉は特定の人によって制限されるべき_____、_____使う人々の自由に_____です。
　　村上さんや小林さんが_____個別的な問題も_____が、_____、わたしは制限そのものに反対です。

司会　　：皆さん、どうもありがとうございました。ではフロアからの質疑応答に_____。

ユニット2　読解　　　　外来語の増加は是か非か

<賛成派>

　外来語の増加が_____。この問題に関しては、増加を_____意見が多いようだ。私自身は、日本語本来の性質からみて外来語が増加するのは_____。日本語は外国の言葉を_____ことで成立した言語だ_____し、表音文字のカタカナがあること自体、外来語を_____からである。カタカナで表記することによって、外来語であることを明確に示すことができる_____と考えるのである。

　外来語はわかりにくい_____が、例えば、「ノーマライゼーション」と「等生化」とでは_____か。わかりにくいのは外来語_____、新しく生まれたことば_____。新しいことばは、外来語でも漢語でもわかりにくい_____。新しい概念を表すために作られた言葉は、その意味が広く普及するまでに_____。その間、新しい言葉は「わかりにくい」という_____のである。わかりにくさが_____、新しいことばであることを_____カタカナで表記される外来語の方が_____。

　これからも_____新しい事物や概念が生まれ、それらを表すために外来語が使われる_____。

<反対派>

　私は、外来語の使用は制限した_____。_____、カタカナで表記される外来語の中にはパンやコーヒー、カーテンやテーブルなど日本語として_____。そういう言葉まで制限することは_____。

　しかし、現在のように外来語が増える_____、制限を加えた_____と考える。その理由は、外来語が理解できない_____、必要な情報が受け取れなかったり、コミュニケーションがうまくできなくなったり_____。

　先日祖母から高齢者向けの介護施設の案内書を_____。案内書には「バリアフリー」や「ユニバーサルデザイン」などカタカナ語が_____。ふだん_____言葉だが、高齢者にとってわかりやすい言葉で説明しようと思うと_____。案内書の_____、漢字のことばよりカタカナの言葉のほうがやさしいと_____、本当に必要な人に必要な情報が伝わらない_____である。

　言葉というものは、_____。現在使われている外来語には、そうでないものが多すぎる。外来語の使用は多くの人に理解可能なものに_____である。

第10課　日本のアニメ産業

単語帳

クッキー　オーブン　バブル　ハード・ウエア　ソフト・ウエア　アニメーション　ゲーム・ソフト　コンテンツ　コマ　コスト　セルアニメ

暇　時期　企業　魅力　異性　人材　分野　不況　長時間　断り　消しゴム
自炊室　後半期　工業製品　バブル経済　不動産　取り立て　貸付け金　金融
仕組み　部品　後れ　貿易　輸出入額　億　品質　乗用車　自動車　工作機械　電気機器　半導体　現場　動き　職人　職人芸　技　美意識　ゲーム機
3次元　立体画像　画像　動画　セル画　全世界　血液　循環系　アジア諸国
国々　大国　一口　-系　-額

提案　配慮　登場　続出　経営　悪化　減少　輸出　飛躍　循環　製作　熟練
育成　推移　自炊　合唱　投機　破産　超過　制御　応諾

目覚ましい　うまい　ぎりぎり　好調　極端　急激　丹念　安泰　健在　大幅
熱狂的　ついに　依然として　再び　依然　仲がいい

働く　描く　増やす　果たす　創り出す　弾ける　抱える　例える　伸びる　優れる
博する　移る　支える　上回る　目の色を変える　後れを取る

平成　手塚治虫　宮崎駿　ポケモン

文法リスト

〜もの<強調原因、理由>
〜ないことはない<双重否定>
〜おかげだ<積極結果的原因>
〜こととなる<結果>
〜せいだ<消極結果的原因>
Nったら<(負面)評価的対象>
Vつつある<持続性的変化>

Nによる<手段>
ひとくちに〜といっても<補充説明>
〜ものの<転折>
Nをはじめとする<代表、典型>

第10課 日本のアニメ産業

I．文字・語彙・文法

1．次の下線部の漢字の読み方をひらがなで書きなさい。

(1) 日本の職人による「ものづくり」が世界中に注目されている。
(2) 仲間を思い「和」を大切にできる人材を育てるのも我々教師の仕事である。
(3) 未経験でも基礎から学べる研修制度に魅力を感じて応募しました。
(4) この素材はさまざまな分野で幅広く利用されています。
(5) 熟練した従業員を確保するために、働きやすい職場環境を作る必要がある。
(6) この計画は、高齢者への配慮が足りないと指摘された。
(7) 地球の自然環境が悪化しつつある。
(8) この色彩の組み合わせは完璧だ。
(9) 田中さんは極端な例をあげて、その企画を阻止しょうとした。
(10) 旬の野菜を、自然の恵みそのままに、丹念に漬け込んだ。
(11) ヨーロッパではサッカーの熱狂的なファンの行動が問題になっている。
(12) 電気料金が大幅に値上げされた。

| (1) | (2) | (3) | (4) | (5) |
| (6) | (7) | (8) | (9) | (10) |

2．次の下線部のひらがなを漢字に直しなさい。

(1) 今日の鈴木先生のこうえんは何時からですか。
(2) スピーチコンテストはみなさんのごきょうりょくのおかげで無事に終りました。
(3) 需要に対する供給がかじょうのようだ。
(4) ふきょうのために企業の業績が悪化している。
(5) われわれはグローバル化時代にふさわしい人材のいくせいに力を入れている。
(6) 父は株に失敗して自己はさんしてしまった。
(7) 古くなった高速道路では、トンネルや橋の不具合がぞくしゅつしている。
(8) 21世紀になって、国際情勢がきゅうげきに変化している。
(9) 母との約束をはたすために必死に頑張った。
(10) バッハは幼い時から音楽にすぐれた才能を発揮しました。

| (1) | (2) | (3) | (4) | (5) |
| (6) | (7) | (8) | (9) | (10) |

3．次の下線部のひらがなを漢字に直しなさい。

(1) a．北京はかんそうしているので毎日お茶を飲んでいる。
　　b．今日読んだ小説のかんそうを日記に書いた。
(2) a．会費無料のキャンペーンのきかんが3月31日まで延長された。
　　b．教育きかんとして代表的なものは学校である。
　　c．この雑誌はきかんから月刊になった。
　　d．鳥の呼吸きかんは、哺乳類と比較して非常にガス交換効率が高い。
(3) a．今までにきちんと勉強しておけばよかったとこうかいしている。
　　b．詳しい情報はインターネットでこうかいされている。
　　c．いつかあんな船で外国までこうかいしてみたい。
(4) a．あの人はせいかくが悪いから嫌われる。
　　b．気候変動をせいかくに予測するためのシステムを開発している。
(5) a．ユーザーの喜ぶ顔をそうぞうして作ることが大切だ。
　　b．コンクリートの壁面を緑化することで、新しい緑の空間をそうぞうする。
(6) a．10年もかけてこの映画のせいさくに取り組んできた。
　　b．新大統領の就任で、国の外交せいさくは変わるのか。
(7) a．iPadのとうじょうで世界が変わる。
　　b．国内線ごとうじょうの際は、出発20分前までに手続きをしてください。
(8) a．月食は珍しいげんしょうだ。
　　b．アマゾンの熱帯雨林は、大幅にげんしょうしつつある。
(9) a．大気汚染はいぜんとして深刻である。
　　b．新しいシートの導入で、いぜんよりも快適な空の旅ができるようになった。
(10) a．政府は2014年度の予算案をこうひょうした。
　　b．このドラマシリーズはこうひょうのため再放送が決まりました。
(11) a．危ないからこのきかいには手を触れるな。
　　b．またきかいがあったらぜひ利用したいと思います。
(12) a．海外市場における日本のコンビニのきょうそうが激しくなりそうだ。
　　b．娘は運動会の50mきょうそうで2位に入った。

(1)	a	(2)	a	(3)	a	(4)	a
	b		b		b		b
			c		c		
			d				
(5)	a	(6)	a	(7)	a	(8)	a
	b		b		b		b
(9)	a	(10)	a	(11)	a	(12)	a
	b		b		b		b

4．次の（　）に適当な助詞を入れなさい。

(1) 駅は人（　）いっぱいだったから、田舎（　）（　）出て来た両親（　）見つからなかった。
(2) 冷蔵庫、洗濯機などをお譲りいただける（　）ありがたいのですが。
(3) 新築の工事は、大きなハウスメーカー（　）お願いすれば安心だと思う。
(4) 家族だけではなく、友人（　）（　）（　）入学祝いが届きました。
(5) 忙しくて親友の結婚披露宴（　）出席できなかったことが、ずっと気（　）なっています。
(6) 水と空気（　）生活（　）欠かせないものだ。
(7) 宮崎駿のアニメ（　）現れた「風」は特別な意味を持っていると言われている。
(8) 人間は発明と練習（　）よって鳥のように空（　）飛べるようになった。
(9) 人間は夢（　）追いかけるから（　）（　）、不可能と思われること（　）（　）次々と可能（　）してきた。
(10) 全員（　）力（　）合わせたおかげで、今回の試合に勝てた。

5．次の言葉の意味や説明で使われている言葉を、a～dの中から一つ選びなさい。

(1) 抱える……負担になるものとして持つ。
　　a．腹を<u>抱えて</u>大笑いをする。
　　b．悩んでいると見えて、彼は頭を<u>抱えて</u>考え込んでいる。
　　c．彼はご両親と４人の子供の、大家族を<u>抱えて</u>いる。
　　d．仕事の関係で、男の秘書を二人<u>抱えて</u>いる。

(2) 働く……ある力を及ぼす。作用する。
    a．好きな仕事ですから毎日楽しく働いています。
    b．夜中になるとよく頭が働いて、執筆がはかどる。
    c．あの人は強盗を働いたことがあります。
    d．不審者が窓に近づくと、この装置が働いて「ビー、ビー」と鳴ります。
(3) 伸びる……勢力などが盛んになる。発展する。
    a．恩師のおかげで、業績が伸びて助教授になった。
    b．今年、中3の娘は背が5センチも伸びました。
    c．うどんは早く食べないと伸びてしまっておいしくない。
    d．一週間休まずに残業して、伸びてしまった。
(4) 移る……前とはそっくり別のものに変わる。次の段階に進む。
    a．色が移るから別の物と一緒に洗濯しないでください。
    b．テーマが決まったので、さっそく具体的な内容の検討に移りましょう。
    c．この病気は子供から大人に移ることがあります。
    d．前の席が空いたので、隣の席に移っていただけませんか。
(5) 支える……今の状態を持ちこたえる。
    a．倒れそうな古い桜の大木を太い棒で支えている。
    b．国家の繁栄を支えるために、国民は一丸となって努力してきた。
    c．看護師は患者を支えながら医者の方へ歩き出しました。
    d．敵の攻撃をどこまで支えられるか。

6．次のa～dの中から最も適当なものを一つ選びなさい。

(1) ＿＿＿＿＿のところで終電に間に合った。
    a．ぎりぎり　　　　　　b．そろそろ
    c．ぼつぼつ　　　　　　d．みるみる
(2) 個人で作るより市販品を利用したほうが、＿＿＿＿＿ははるかに安い。
    a．ベスト　　　　　　　b．ソフト
    c．コスト　　　　　　　d．バブル
(3) 投資家は＿＿＿＿＿を変えて証券会社に殺到した。
    a．顔の色　　　　　　　b．目の色
    c．髪の色　　　　　　　d．肌の色
(4) 男性はもちろん、女性も薄毛に＿＿＿＿＿ことは珍しくない。
    a．悩まる　　　　　　　b．悩ます
    c．悩まされる　　　　　d．痛む

(5) 海淀屋オリジナルの_____の陶芸、編み物などが、お客様を引きつけている。
　　a．形づくり　　　　　　　　b．金づくり
　　c．物づくり　　　　　　　　d．手づくり

(6) 一人暮らしをしてはじめて家族の_____がわかった。
　　a．めずらしさ　　　　　　　b．とんでもなさ
　　c．おめでたさ　　　　　　　d．ありがたさ

(7) 銀行などは_____ができなくなった貸付金を抱えて、経営が極端に悪化した。
　　a．取り立て　　　　　　　　b．取り付け
　　c．取り入れ　　　　　　　　d．取り扱い

(8) 茶農家は、こだわりを持って_____お茶を育てています。
　　a．懸念に　　　　　　　　　b．専念に
　　c．丹念に　　　　　　　　　d．疑念に

(9) 授業進度が速く難易度が高いため、一度_____を取ると取り戻すことは容易ではない。
　　a．贈れ　　　　　　　　　　b．送れ
　　c．後れ　　　　　　　　　　d．遅れ

(10) 刃物で有名な岐阜県関市は、今でも伝統の_____を受け継ぐ職人がたくさんいる。
　　a．芸　　　　　　　　　　　b．技
　　c．手　　　　　　　　　　　d．手腕

7．次のa～dの中から最も適当なものを一つ選びなさい。

(1) A：まだ２ヶ月もたたないのにどうして会社をやめたの？
　　B：だってやりがいがないんだ_____。
　　a．ものの　　　　　　　　　b．ものだ
　　c．もの　　　　　　　　　　d．ものか

(2)「あなたなんか、大嫌い」と言って別れた_____、しばらくしてから言い過ぎたことを悔やんだ。
　　a．ものの　　　　　　　　　b．ものを
　　c．ものから　　　　　　　　d．もので

(3) 一口に文学_____、小説、詩など、いろいろなジャンルがある。
　　a．からといって　　　　　　b．といっても
　　c．といって　　　　　　　　d．といったら

(4) どんな困難なことでも、細分化すれば_____。
  a．解決などできはしないだろう b．解決できないものでもない
  c．解決しないわけにはいかない d．解決できないことはない

(5) 友人の会社が銀行の支援を得られず、自己破産する_____。
  a．ことにした b．ことになった
  c．ことはなかった d．ことはあった

(6) 救援隊が来てくれた_____、助かった。
  a．おかげで b．くせで
  c．うえで d．ためで

(7) 最近、年の_____、階段を上るのが辛い。
  a．ためで b．おかげで
  c．せいか d．ように

(8) 文部科学省の発表によると、いじめ_____不登校者は7万人におよぶそうだ。
  a．にて b．によると
  c．によって d．による

(9) 卒業生から歴代の首相_____、各界のリーダーが輩出している。
  a．をめぐり b．と問わず
  c．をはじめ d．をもとに

(10) 看護師のナースキャップが全国の病院から姿を_____。
  a．消しかねる b．消しがち
  c．消しつつある d．消しつつ

8．次のa～dの語句を並べ替え、__★__に入る最もよいものを一つ選なさい。

(1) _____ _____ __★__ _____のですが、人前で話すのは自信がありません。
  a．を b．ことはない
  c．話せない d．英語

(2) 航空券は予約したので、出発までに__★__ _____ _____ _____。
  a．した b．ローマの歴史を
  c．ことに d．猛勉強する

(3) その新聞の発行部数は、_____ _____ _____ __★__。
  a．競争紙の b．三分の一
  c．及ばない d．にも

(4) ＿＿＿　★＿＿＿、＿＿＿　＿＿＿取れません。
　　a．せいで　　　　　　b．睡眠不足の
　　c．十分に　　　　　　d．疲労が

(5) 日本料理の広まりとともに、＿＿＿　＿＿＿　＿＿＿　★＿＿＿。
　　a．世界に　　　　　　b．つつある
　　c．知られ　　　　　　d．日本酒も

(6) 午後から雨の予報でしたが、雨は＿＿＿　＿＿＿　★＿＿＿、＿＿＿高く、暑い1日になった。
　　a．済んだ　　　　　　b．ものの
　　c．気温は　　　　　　d．降らずに

(7) ＿★＿＿　＿＿＿　＿＿＿、＿＿＿、濃い紫のものなど、いろいろな種類がある。
　　a．青いもの　　　　　b．といっても
　　c．葡萄　　　　　　　d．一口に

(8) ＿＿＿　＿＿＿　＿＿＿　★＿＿＿、試合に勝つことができた。
　　a．おかげで　　　　　b．応援して
　　c．くれた　　　　　　d．観客が

(9) その薬の＿＿＿　★＿＿＿　＿＿＿　＿＿＿、10人を越えたそうだ。
　　a．死者　　　　　　　b．による
　　c．は　　　　　　　　d．副作用

(10) この学校には＿＿＿　★＿＿＿、＿＿＿　＿＿＿留学生が来ている。
　　a．はじめ　　　　　　b．から
　　c．世界各国　　　　　d．アメリカを

Ⅱ．听力

1．録音を聴いて、正しい答えを一つ選びなさい。

　　(1)＿＿＿　(2)＿＿＿　(3)＿＿＿　(4)＿＿＿

2．録音を聴いて、正しい答えを一つ選びなさい。

　　(1)

　　　a　　　　　b　　　　　c　　　　　d

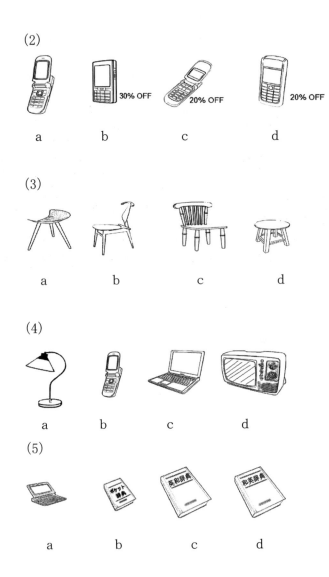

(2) a　b　c　d

(3) a　b　c　d

(4) a　b　c　d

(5) a　b　c　d

3．録音の内容と合っていれば〇、間違っていれば×を書きなさい。

（　）(1) 今度の接待は、ＡＢＣ商事の部長さんがしてくれます。

（　）(2) 鈴木さんは新入社員ですが、一人でも接待は問題なくできます。

（　）(3) 鈴木さんは接待の経験がなく、プロジェクトの内容を知らないので接待をする自信がありません。

（　）(4) もともと飯田さんと島田さんが鬼山部長を接待する予定でした。

Ⅲ. 阅读

次の文章を読んで後の問いに答えなさい。

ある年の大晦日の晩、札幌の北海亭というそば屋に子供を二人連れた貧しい女性が現れた。（　　　）子どもたちの父親は事故で亡くなり、この家族にとって大晦日の日に父親の好きだった北海亭のかけそばを食べに来ることが年に一回だけの楽しみだったのだ。

翌年の大晦日も一杯、翌々年の大晦日は二杯、母子はかけそばを食べにきた。北海亭の主人夫婦はいつしか、毎年大晦日にかけそばを注文する母子が来るのが楽しみになった。

しかし、ある年から母子は来なくなってしまった。それでも主人夫婦は母子を待ち続け、そして十数年後のある日、母とすっかり大きくなった息子二人が再び北海亭に現れる。子供達は就職してすっかり立派な大人となり、母子三人でかけそばを三杯頼んだ。

「一杯のかけそば」は1992年に日本で話題になった作品だ。貧しい生活の中でも、仲良く三人で一杯のかけそばを食べる家族愛、そして、そばを多めにゆでてあげる北海亭の店主の優しさに、多くの日本人が感動した。当時の日本人は、最後に成長した息子と一緒にかけそばを食べにきたという部分に自分を重ね合わせて、希望を感じたのだろう。現在は、誰もがかけそばを一人で一杯食べられるようになった。しかし、家族愛や人に対する優しさを忘れてはいないだろうか。「一杯のかけそば」は現在でも読む価値のある作品だ。

問題

（1）次のa～dは文中の（　）に入る内容だが、順不同に並べてある。これを、前後の内容をもとに、正しい順番に並べ替えなさい。

　　a．主人は母子をかわいそうに思い、内緒で1.5人前のそばをゆでた。

　　b．店内に入ると、母親が「かけそばを一杯ください（一杯を3人で食べる）」と言った。

　　c．母子は出された一杯のかけそばを、おいしそうに分けあって食べた。

　　d．店主はもうすぐ閉店だと母子に言ったが、どうしてもそばが食べたいと母親が言うので、店主は仕方なく母子を店内に入れた。

（2）「一杯のかけそば」は、いつ日本で話題になりましたか。

（3）十数年後、母と大きくなった息子二人は、北海亭で何を注文しましたか。

最後に会話文と読解文を読み直して、_____を埋めなさい。

ユニット1　会話　　　　そこを何とか

李　：高橋さん、今_____？
高橋：うん、何？
李　：あの、僕、先月_____じゃない。
高橋：うん、うん。
李　：今度、その報告会を_____…。
高橋：ふーん、そうなんだ。大変だね。
李　：_____、高橋さんにちょっと_____かなと思って…。
高橋：うん、どんなこと？
李　：報告会でね、日本のアニメについて_____なんだけど、
高橋：あ、講演を聞いたって話？
李　：そうそう。できたら若者のアニメ観についても、_____んだけどね、
高橋：うん、おもしろそう。
李　：_____、やっぱりインタビューも_____。
高橋：うん、うん。
李　：_____、ちょっとお願いなんだけど、知り合いの留学生に_____かなあ。
高橋：ええっ、_____…。遣唐使の会の人にも聞いてみた？
李　：うん。でも、みんな中国語の試験勉強で_____、って。
高橋：それじゃあ、_____なあ…。
李　：2、3人でもいいから、ちょっと_____んだけど…。だめかな？
高橋：うーん、難しいなあ。
李　：_____。
高橋：うーん、_____ね…。_____かもしれないけど…。
李　：あー、_____。やっぱり_____。
高橋：ちょ、ちょっと待って、私やるって言ってないんだけど。
李　：えっ？　だって、今「_____」って…。
高橋：できれば協力したいけど、_____…。ごめんね。
李　：そうか。あーあ、_____なあ。
高橋：あ、そうだ。王さんに頼んでみたら_____？

李　：あ、そうか。アニメ研究会の人と＿＿＿＿し、＿＿＿＿かも！
高橋：そうよ。＿＿＿＿だもの、＿＿＿＿わよ。
李　：じゃ、＿＿＿＿、高橋さんからも王さんに＿＿＿＿？
高橋：もう、＿＿＿＿ったら。（笑い）はい、はい。
李　：じゃ、よろしく！
高橋：李さん、このあいだのインタビューの話、＿＿＿＿？
李　：王さんがアニメ研究会の部長さんに＿＿＿＿おかげで。
高橋：うん、うん。
李　：研究会のメンバーがみんなで＿＿＿＿、たくさん調査結果がもらえたんだ。
高橋：よかった。＿＿＿＿せいで、李さんの発表が＿＿＿＿って、＿＿＿＿の。
李　：大丈夫。もう、＿＿＿＿ですよ。ねえ、来週の報告会、＿＿＿＿よね？
高橋：もちろん！
李　：デジカメで、僕の＿＿＿＿、しっかり撮っておいてね。
高橋：オッケー！

ユニット２　読解　　　　日本経済の国際競争力とアニメ産業

三和　良一

　1980年代の後半期、日本は、バブル経済と呼ばれる時期を＿＿＿＿。企業も個人も、不動産や株式の投機によって＿＿＿＿「金づくり」に＿＿＿＿いた。しかし、バブルは＿＿＿＿、破産する企業が＿＿＿＿した。銀行などは＿＿＿＿貸付け金を抱えて、経営が＿＿＿＿した。人間の体にたとえれば血液の循環系の＿＿＿＿金融の仕組みが＿＿＿＿ために、平成の時代に入ってからの日本経済は、＿＿＿＿こととなった。
　一方で、＿＿＿＿のなかでも、日本の貿易は、＿＿＿＿な輸出超過を続けていた。＿＿＿＿で高い評価を受けていた乗用車、テレビ、コンピュータなどの工業製品の輸出は＿＿＿＿であった。またさらに、中国＿＿＿＿アジア諸国・地域が＿＿＿＿と、それらの国々への輸出も＿＿＿＿。コンピュータで制御する工作機械や自動車・電気機器の部品などが、輸出を＿＿＿＿した。つまり、「物づくり」の面では、日本の国際＿＿＿＿は、＿＿＿＿強かった。「金づくり」では＿＿＿＿が、「物づくり」大国としての日本は＿＿＿＿であった。
　＿＿＿＿「物づくり」といっても、日本が得意なのは、ハード・ウエアである。たとえば、半導体やコンピュータ本体を作るのは＿＿＿＿、それを動かし利用するソフト・ウエアでは、アメリカに大きく＿＿＿＿。そのなかで、ソフト・ウエアの技術として日本が＿＿

＿＿＿ものに、ゲームとアニメーションの分野がある。3次元の立体画像でゲームが＿＿＿＿ゲーム機とゲーム・ソフトは全世界で＿＿＿＿いるし、手塚治虫や宮崎駿らの作品をはじめとして、「ポケモン」などのアニメーションは国際的＿＿＿＿いる。好評の理由は、日本の文化・美意識と職人的な技が創り出す＿＿＿＿、つまり、登場する＿＿＿＿や＿＿＿＿と画像の美しさであろう。

　基本動画を描き、それを少しずつ変化させた一コマセル画を＿＿＿＿作っていく作業は、職人芸ともいえる＿＿＿＿を必要とする。しかし、製作コストの面から、製作現場が日本から韓国や中国に移る＿＿＿＿、コンピュータによる画像製作ソフトも＿＿＿＿、セルアニメからデジタルアニメの時代に＿＿＿＿。日本のアニメ産業を＿＿＿＿人材の育成についての＿＿＿＿もあり、アニメーション分野での日本の競争力が、いつまでも＿＿＿＿とは言えないのが現状である。

＜参考＞

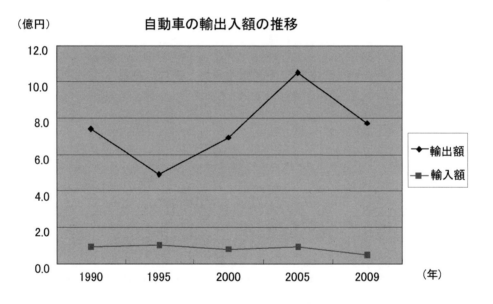

参考データ　http://www.customs.go.jp/toukei/suii/html/time.htm（2010年7月参照）

　グラフは、日本の自動車の輸出額と輸入額の推移を示している。
　1990年から1995年にかけて、輸出額は＿＿＿＿いるが、その後10年間で＿＿＿＿いる。しかし、2005年以降、輸出額は＿＿＿＿いる。また、輸出額は輸入額を＿＿＿＿、日本の自動車貿易は輸出超過を続けていることがわかる。

実力テスト5

1. 次の(1)～(10)の漢字の読み方を、ひらがなで書きなさい。

   (1) ① 紅　（　　　　　）　② 口紅（　　　　　）
   (2) ① 営む（　　　　　）　② 経営（　　　　　）
   (3) ① 救う（　　　　　）　② 救急車（　　　　　）
   (4) ① 恐れる（　　　　　）　② 恐縮（　　　　　）
   (5) ① 任せる（　　　　　）　② 任務（　　　　　）
   (6) ① 影（　　　　　）　② 影響（　　　　　）
   (7) ① 敢えて（　　　　　）　② 勇敢（　　　　　）
   (8) ① 認める（　　　　　）　② 認識（　　　　　）
   (9) ① 舞う（　　　　　）　② 舞台（　　　　　）
   (10) ① 心地よい（　　　　　）　② 心（　　　　　）　③ 心臓（　　　　　）

2. 次の下線部のひらがなを漢字に直しなさい。

   (1) a．1997年7月1日、香港が中国にへんかんされた。
   　　b．ひらがなを漢字にへんかんする。
   (2) a．あの人はいつもかわったぼうしをかぶっている。
   　　b．地球温暖化をぼうしするための対策が必要だ。
   (3) a．日本の山々は、秋になると木々がこうようしてとても美しい。
   　　b．笑うことのこうようが世界的に注目を集めた。
   (4) a．世界では、水道水をいんようできない地方が多い。
   　　b．著作権者に無断でいんようしてはいけない。
   (5) a．人はだれでも、ゆうりょうな品質のものを好む。
   　　b．ゴミの回収はゆうりょうである。
   (6) a．自宅の無線LANの環境を、他人にかいほうしているユーザーがいる。
   　　b．やっと受験の緊張感からかいほうされた。
   (7) a．このソフトは、パソコンの性能を10倍いじょう高速化する。
   　　b．パソコンの作動状況とデータには、いじょうは見られない。
   (8) a．今度こそ必ず合格するという強いいしを持つことが大切だ。
   　　b．私は亡くなられた先生のいしを継いで研究を続けていくつもりです。
   (9) a．彼は先生にしめいされて立ち上がった。

b．申込用紙に、住所・しめい・年齢を記入する。

c．よい教師になることが、自分のしめいだと信じていた。

(10) a．あの人は鋭いかんせいの持ち主だ。

b．年内にこの仕事をかんせいさせたい。

c．Jが登場すると、場内からかんせいが沸き上がった。

(1)	a	(2)	a	(3)	a	(4)	a
	b		b		b		b
(5)	a	(6)	a	(7)	a	(8)	a
	b		b		b		b
(9)	a	c		(10)	a	c	
	b				b		

3　次のa～dの中から最も適当なものを一つ選びなさい。

(1) このサイトでは地図を気軽に、_____でダウンロードできる。
　　　a．プリント　　　　　b．フリー
　　　c．プログラム　　　　d．フォーク

(2) 幼児の虫歯対策には親の_____が大切。
　　　a．ケア　　　　　　　b．プラン
　　　c．センス　　　　　　d．カロリー

(3) デザインが_____なだけに、注目度も抜群。
　　　a．メッセージ　　　　b．スタイル
　　　c．アップ　　　　　　d．ユニーク

(4) 無事に_____が取れたので、アメリカで開かれる学会に行くことができた。
　　　a．プロ　　　　　　　b．ビザ
　　　c．メモ　　　　　　　d．デモ

(5) 彼氏と初めて_____したのがディズニーランドです。
　　　a．ペース　　　　　　b．ブーム
　　　c．デート　　　　　　d．ソース

(6) 生活の_____が崩れると体調を崩す。
　　　a．システム　　　　　b．コメント
　　　c．プラス　　　　　　d．リズム

(7) 我が国の失業率は、2005年が_____だった。

        a．ピーク   b．ハート
        c．データ   d．チーム
    (8) テレビドラマの感動的な別れの＿＿＿が忘れられない。
        a．パタン   b．シーン
        c．ベテラン   d．プラン
    (9) パソコンが＿＿＿に感染してしまった。
        a．オフィス   b．ファイト
        c．ウィルス   d．チェンジ
    (10) 栄養の＿＿＿を考えて料理を選ぶ。
        a．バランス   b．フロント
        c．ハンサム   d．アンテナ

4．次の説明に合致する言葉を、a～dの中から一つ選びなさい。

    (1) ある制限の範囲。
        a．わく   b．うら
        c．おもて   d．ほうこう
    (2) 所持金。財産。また、それらの都合。
        a．ふところ   b．おこない
        c．かたまり   d．もよおし
    (3) 働いてお金を得る。
        a．そそぐ   b．かせぐ
        a．さわぐ   d．つなぐ
    (4) 改めてもう一度見ること。
        a．取り消し   b．見直し
        c．払い戻し   d．引き出し
    (5) いらいらする気持ち。
        a．いたみ   b．かなしみ
        c．いざこざ   d．いらだち

5．次のa～dの中から最も適当なものを一つ選びなさい。

    (1) 青年期は、頭が＿＿＿で吸収力が旺盛なすばらしい時期です。
        a．絶妙   b．好調
        c．柔軟   d．平気

(2) これまでの努力は決して＿＿＿＿＿にはならないだろう。
　　a．無理　　　　　　b．無駄
　　c．無闇　　　　　　d．無論

(3) 卒業式には＿＿＿＿＿服装で出席しなければならない。
　　a．振舞った　　　　b．改まった
　　c．差し支えた　　　d．こだわった

(4) 驚きのアイデア、楽しい夢が＿＿＿＿＿子どもたちの作品が大集合！。
　　a．あふれる　　　　b．こぼれる
　　c．繰り返す　　　　d．囲む

(5) 村上春樹の小説を2日間で読み＿＿＿＿＿。
　　a．出した　　　　　b．切った
　　c．かけた　　　　　d．こんだ

(6) 人はみな自分と＿＿＿＿＿生きていかねばならない。
　　a．追い掛けて　　　b．敬い合って
　　c．訴えかけて　　　d．向き合って

(7) 兄は失恋して＿＿＿＿＿いる。
　　a．味わって　　　　b．すくめて
　　c．避けて　　　　　d．落ち込んで

(8) 夏に向け、私も＿＿＿＿＿ダイエットを始めた。
　　a．はるかに　　　　b．わずかに
　　c．ひそかに　　　　d．ゆるやかに

(9) 書類は追送でも可。＿＿＿＿＿、その旨を明記のこと。
　　a．それに　　　　　b．ただし
　　c．だって　　　　　d．そのうえ

(10) 自信を＿＿＿＿＿にはもう少し時間がかかりそうです。
　　a．取り戻す　　　　b．取り替える
　　c．取り入れる　　　d．取り除く

6．次のa～dの中から最も適当なものを一つ選びなさい。

(1) 彼に成功をもたらしたものは、日々の努力の積み重ね＿＿＿＿＿。
　　a．でいられない　　b．にほかならない
　　c．であたらない　　d．にともなわない

(2) 笑顔だったところを見ると、彼の計画はすべてうまくいった＿＿＿＿。
  a．わけがない   b．にすぎない
  c．にちがいない   d．べきでない

(3) ジャンル＿＿＿＿幅広く本を読んでいる。
  a．にとどまらず   b．を問わず
  c．にしろ   d．ばかりか

(4) 景気が悪いので、ここ数年、失業率は高まる＿＿＿＿。
  a．一方だ   b．あまりだ
  c．限りだ   d．気味だ

(5) 挑戦すると決まった＿＿＿＿、全力を尽くして頑張りたい。
  a．以上は   b．以内は
  c．うちは   d．わけは

(6) お客さまのご希望＿＿＿＿、30回までの分割払いができます。
  a．にとって   b．において
  c．に応じて   d．に反して

(7) 年をとった＿＿＿＿、涙もろくなった。
  a．最中   b．うえで
  c．わけで   d．せいか

(8) これは見逃され＿＿＿＿なのですが、とても重要ですね。
  a．がち   b．ふう
  c．だけ   d．ぐせ

(9) 電車やバスの中では、物を食べたり飲んだりする＿＿＿＿。
  a．わけではない   b．せいではない
  c．ものではない   d．ようではない

(10) 子どものころ、いたずらをして、よく父に叱られた＿＿＿＿。
  a．わけだ   b．はずだ
  c．ことだ   d．ものだ

(11) 彼のものまねを見るとおかしくて、＿＿＿＿。
  a．笑っていられない b．笑いようもない
  c．笑うわけでもない d．笑わずにはいられない

(12) パリに行ったからには絶対エッフェル塔に＿＿＿＿。
  a．上りたい   b．上りところだ
  c．上ることはない   d．上るわけにはいかない

(13) 日本に長く住んでいるわりに、日本のことを_____。
　　　a．よく知っている　　　　　　b．よく知らない
　　　c．知っているべきだ　　　　　d．知っているはずがない

(14) おはしは使えないことはないが、ナイフとフオーク_____。
　　　a．は使えない　　　　　　　　b．より使いやすい
　　　c．は使いたくない　　　　　　d．の方が使いやすい

(15) ごみの問題については王先生がいちばん詳しいので、専門的なことについては、王先生を抜きにして議論_____。
　　　a．した方がいい　　　　　　　b．しても仕方がない
　　　c．してもいい　　　　　　　　d．しなければならない

7．次の中国語を日本語に訳しなさい。

（1）说他是天才并不过分。

（2）她没有能够理解我的意思。

（3）我们正在征集对建立留学生会的意见。

（4）比赛的结果请大家自己想象吧。

（5）语言必须是能够让多数人理解的东西。

（6）不止是书本里的知识，希望能够在第一线吸收"活的知识"。

（7）语言不应该由某些特定的人加以限制，而应该由使用者自由掌握。

（8）也许人们是为了使感觉与众不同而使用外来语的。但是为此而过度使用外来语有可能给读者带来混乱。

8．次の二つの3行ラブレターを読んで、意味を考えなさい。

また、あなたも、まだ見ぬ人へのラブレターを書いてみましょう。
「また　会え……ますか？」
敬語が今の
私と彼の距離

もう一日だけ待ってもいいですか
今日は二月十五日
忘れっぽいあなたからのチョコレートを